O MERCADO DO
LUXO
NO BRASIL

CLAUDIO DINIZ

O MERCADO DO LUXO NO BRASIL

Tendências e Oportunidades

Copyright © 2012 Claudio Diniz
Copyright do projeto © 2012 Editora Pensamento-Cultrix

Texto de acordo com as novas regras ortográficas da língua portuguesa.

1ª edição 2012.

1ª reimpressão 2013.

Todos os direitos reservados. Nenhuma parte deste livro pode ser reproduzida ou usada de qualquer forma ou por qualquer meio, eletrônico ou mecânico, inclusive fotocópias, gravações ou sistema de armazenamento em banco de dados, sem permissão por escrito, exceto nos casos de trechos curtos citados em resenhas críticas ou artigos de revistas.

A Editora Seoman não se responsabiliza por eventuais mudanças ocorridas nos endereços convencionais ou eletrônicos citados neste livro.

Coordenação editorial: Manoel Lauand
Revisão: Angela Castello Branco
Capa e projeto gráfico: Gabriela Guenther
Editoração eletrônica: Estúdio Sambaqui

Dados Internacionais de Catalogação na Publicação (CIP)
(Câmara Brasileira do Livro, SP, Brasil)

Diniz, Claudio
O mercado do luxo no Brasil : tendências e oportunidades / Claudio Diniz. -- São Paulo :Seoman, 2012.

Bibliografia.
ISBN 978-85-98903-45-3

1. Consumo (Economia) 2. Design 3. Luxo 4. Marketing I. Título.

12-07630   CDD-306

Índices para catálogo sistemático:
1. Luxo : Cultura : Aspectos sociológicos
306

Seoman é um selo editorial da Pensamento-Cultrix.

Direitos de tradução para o Brasil adquiridos com exclusividade pela
EDITORA PENSAMENTO-CULTRIX LTDA.
R. Dr. Mário Vicente, 368 – 04270-000 – São Paulo, SP
Fone: (11) 2066-9000 – Fax: (11) 2066-9008
E-mail: atendimento@editoraseoman.com.br
http://www.editoraseoman.com.br
que se reserva a propriedade literária desta tradução.
Foi feito o depósito legal.

Dedico este livro aos meus pais amados, Claudio e Delma (minha mãe, que está sempre me incentivando, e ao meu pai, que, com certeza, está dando pulos de alegria no céu). Aos meus adorados irmãos Adriana, Thiago e Luciana, fãs número um de tudo que eu faço. Às minhas queridas tias Leide e Nilce, que estão sempre torcendo por mim. Amo todos vocês!

- Dr. Pascal Portanier é francês, com Ph.D. em Luxury pela Universidade de Nice.

- É fluente em francês, inglês, alemão e holandês.

- Professor da Universidade Internacional de Mônaco, London College of Fashion (Inglaterra), Beijing University of International Business & Economics (China), Dubai Kempinski Hotel (Dubai) e Maison du Luxe (Brasil).

- Consultor de empresas do segmento do luxo, tem 15 anos de experiência em marketing e design e já atuou em renomadas marcas como: Lagerfeld, Lancôme, L'Oréal, Clarins, Biotherm, Guinot, Rodier, Balenciaga etc.

- Possui várias publicações e participações em congressos e conferências no segmento do luxo.

- Atualmente, além de lecionar na Europa, Ásia, América do Sul e Oriente Médio, presta consultoria para alguns presidentes de marcas de luxo na China.

Obs.: O prefácio foi escrito em francês e traduzido para o português.

PREFÁCIO

A MÃO E A CRIATIVIDADE HUMANA têm modelado com amor, paciência e *know-how* objetos e monumentos admiráveis. Esse luxo, que deu vida às mais belas realizações humanas, das pirâmides de Giza ao Taj Mahal, sempre existiu, desde que o homem buscou as suas necessidades fundamentais. Depois de ter assegurado sua sobrevivência, este tem se virado naturalmente para a produção de objetos com um sentido, um significado "superior", testemunho de uma autossuperação.

Dando o melhor de si mesmo, o homem tem se elevado, e o reflexo do magnífico objeto modelado entre suas mãos mandou de volta uma autoimagem ampliada. O homem deu suas letras de nobreza à matéria-prima, à pedra, ao ferro e à argila.

Uma autoimagem ampliada, em uma matéria transcendida, foi o suficiente para que o homem se apoderasse destes tesouros e os usasse como emblema, representando-o aos olhos de todos e, melhor, no dele próprio. O luxo acaba de nascer.

Mas o artesão, trabalhando no fundo do seu ateliê cheio de ferramentas, foi aos poucos sendo conhecido pela excelência do seu trabalho, a criação de um estilo e a beleza das suas realizações. Ele adquiriu, então, uma "reputação" e se tornou o homem que dava vida aos seus objetos únicos, e, assim, aumentava o tamanho do real que está em volta de nós, modelando a ideia do "belo".

Mas como o artesão poderia imaginar que, um dia, as suas produções iam se espalhar pelo mundo inteiro, e que o seu nome seria sinônimo de privilégio, de acesso ao poder e de bom gosto, universalmente reconhecidos? A marca de luxo estava prestes a nascer.

A globalização tinha passado por lá e o artesão, que produzia apenas algumas peças, foi submerso por uma demanda crescente e gigantesca, a qual ele não conseguia mais atender com as suas duas mãos. Primeiro, ele contratou alguns empregados para ajudá-lo na sua tarefa, e depois, aos poucos, ele se organizou, dando nascimento, ao longo das gerações, a uma verdadeira empresa, tanto em relação a produção como a distribuição.

De artesão, ele se tornou gestor, e suas peças, exclusivamente únicas, se tornaram séries que agora são vendidas no mundo inteiro. O *marketing* entrou em cena gerando o desejo dos outros e o mantendo, sempre no auge, para a marca.

No Brasil, este desejo só cresceu, de maneira exponencial, nestes últimos anos. Um país em plena expansão, que se abriu ao desejo de possuir o belo, expressado por uma marca de luxo. No entanto, cada desejo possui formas específicas de se manifestar, que são únicas, provenientes da sua cultura e do seu passado. Da mesma maneira, cada país tem seu luxo, seus artesãos do belo e da qualidade, que cultivou ao longo da sua história.

É assim para o Brasil, e surge a necessidade de um estudo profundo deste mercado. Claudio Diniz preencheu essa lacuna, com entusiasmo, paixão e conhecimento do mercado brasileiro. Sua obra se torna, também, uma referência no mundo do luxo, adentrando os arcanos de diferentes segmentos, refletindo a psicologia dos consumidores, e explorando suas tendências e particularidades. Este livro é um testemunho fiel do que o luxo representa hoje, no Brasil, e uma projeção do que ele poderá representar amanhã. Obrigado, Claudio!

Dr. Pascal Portanier

APRESENTAÇÃO

ESTE LIVRO FOI CONCEBIDO DIANTE DE PESQUISAS aprofundadas no mercado do luxo brasileiro, observando o cenário do luxo mundial, para entender algumas peculiaridades do negócio, já que o mercado do luxo no Brasil ainda é incipiente e não dispõe de uma vasta bibliografia específica. O resultado dessas intensas pesquisas ficou tão consistente, que gerou a necessidade de compartilhar esse estudo em contribuição à literatura do luxo brasileiro. Aliado a isso, o mapeamento do mercado nacional visa atender as necessidades dos administradores, economistas e investidores, assim como de setores como vendas e marketing, e, ainda, a qualquer outra pessoa que queira entender esse mercado.

Na verdade, poucas categorias de produtos e serviços despertam tanto interesse, para os profissionais e clientes em geral, como as do mercado do luxo. E é normal esse interesse, por se tratar de produtos e serviços que podem gerar uma carga simbólica e emocional em um consumidor, a ponto de fazê-lo gastar mil ou milhões de reais, para satisfazer esse desejo ou sonho. Para isso, é necessário compreender como os produtos e serviços do universo do luxo expressam os desejos e as emoções de um indivíduo.

O pilar desta obra é justamente este: entender o mercado através da trajetória do luxo no Brasil, contemplando o presente, mediante uma radiografia do mercado do luxo no Brasil, começando pelos principais segmentos desse negócio, baseado na análise das tendências para aonde esse comércio está indo e as suas oportunidades, ou seja, o futuro desse mercado no Brasil. Um negócio que está em contínua transformação, já que teremos dois eventos de grande porte no país: Copa do Mundo em 2014 e Olimpíada em 2016. Esse momento do negócio do luxo brasileiro é bem compreendido quando situo esse mercado nos mercados mundiais, como os dos BRICS (Brasil, Rússia, China e Índia, e, em 2011, África do Sul) e o da América Latina. Esse negócio, apesar de novo, é importante para a economia do país, pois, segundo a GFK/MCF, em 2012, movimentou R$ 20 bilhões (8% de crescimento em relação a 2011) e vem crescendo mais rapidamente que o PIB (Produto Interno Bruto) brasileiro. Esse mercado no Brasil está se firmando como o mais importante na América Latina e o segundo nesse segmento nas Américas, atrás apenas dos Estados Unidos.

Além disso, foram importantes para os contornos teóricos desse estudo: a análise do perfil do consumidor do luxo no Brasil, suas principais características, e a análise, sob a óptica da distribuição e *marketing*, desses produtos e serviços, assim como a compreensão dos desafios encontrados na expansão desse mercado no Brasil.

Por fim, apresento o futuro do luxo mundial com o "Novo Luxo" e, antes da conclusão, aprofundo-me na experiência das empresas brasileiras de sucesso, através do *Benchmarking*, mostrando estratégias e decisões acertadas.

Boa viagem ao luxo do mercado brasileiro!

Tons of luck,
Claudio Diniz

ÍNDICE

Capítulo I - **O Universo do Luxo**..15
1.1 Definição do Luxo..16
1.2 O que é Luxo para você?..20
1.3 A trajetória do Luxo no Brasil 24

Capítulo II - **Uma visão do Mercado do Luxo no Mundo** **29**
2.1 O Mercado do Luxo no Mundo 30
2.2 O Mercado do Luxo nos BRICS 44
2.3 O Mercado do Luxo na América Latina.............................50

Capítulo III - **Uma visão do Mercado do Luxo no Brasil** **54**
3.1 O Mercado do Luxo no Brasil 56
3.2 Os principais segmentos do Luxo no Brasil........................60
   3.2.1 Aviação...62
   3.2.2 Construção Civil 63
   3.2.3 Gastronomia..64
   3.2.4 Hotelaria 65
   3.2.5 Joalheria e Relojoaria 66
   3.2.6 Moda e Acessórios...66
   3.2.7 Náutico...67
   3.2.8 Perfumes e Cosméticos...68
   3.2.9 Turismo..69
   3.2.10 Veículos..70
   3.2.11 Vinho e Destilados 72

Capítulo IV - **Quem é o Consumidor do Luxo no Brasil?**.............**73**
4.1 O Consumidor do Luxo no Brasil.....................................76
   4.1.1 Comportamento do Consumidor do Luxo no Brasil.............83
   4.1.2 Análise Psicológica do Consumidor do Luxo no Brasil 86
   4.1.3 A importância do Consumidor Gay do Luxo no Brasil 90

4.2 Como atrair o Consumidor do Luxo no Brasil 93

4.3 Como Fidelizar o Consumidor do Luxo no Brasil 95

4.4 A importância da Classe Média para o Mercado do Luxo 98

Capítulo V - Comunicação, Publicidade e Eventos.....................101

5.1 A Comunicação das Marcas de Luxo no Brasil...........................103

5.2 Onde anunciar no Brasil?...105

5.3 Mídias Sociais e E-commerce nas Marcas de Luxo 106

    5.3.1 Mídias Sociais...106

    5.3.2 E-commerce 110

5.4 Eventos...110

Capítulo VI - Distribuição dos Produtos
e Serviços de Luxo no Brasil 114

6.1 Como ocorre a distribuição dos produtos e serviços de luxo no
Brasil...114

    6.1.1 *Case* Hugo Boss..117

    6.1.2 *Case* NK Store 120

6.2 Onde estão os endereços de luxo no Brasil?..............................122

    6.2.1 São Paulo...122

    6.2.2 Rio de Janeiro 124

    6.2.3 Brasília..125

Capítulo VII - O Poder e a Riqueza
de algumas cidades no Brasil..126

7.1 *Case* Dona Santa..127

7.2 São Paulo 130

    7.2.1 Comparando São Paulo com Nova York 133

    7.2.2 Comparando São Paulo com Londres 139

7.3 Rio de Janeiro...143

7.4 Brasília 145

Capítulo VIII - Desafios encontrados
no Mercado do Luxo no Brasil..149

8.1 A Democratização do Luxo 150
8.2 O Combate à Falsificação no Brasil 151
8.3 Barreiras e Dificuldades encontradas no Brasil 154

Capítulo IX - O Potencial do Luxo no Brasil 157
9.1 A Era do Luxo Contemporâneo 158
9.2 Tendências do Mercado do Luxo no Brasil................................160

Capítulo X - Empresas Brasileiras de Sucesso............................170
10.1 Daslu 171
   10.1.1 Homenagem Póstuma a Eliana Tranchesi........................172
10.2 Embraer 175
10.3 Banco Safra 177
10.4 H. Stern 178
10.5 Hospital Albert Einstein...180
10.6 Hotel Fasano 182
10.7 Schaefer Yachts 184

Capítulo XI - Brasil e o Futuro do Mercado do Luxo 186
11.1 O Brasil é um mercado promissor? 187
11.2 Oportunidades do Mercado do Luxo no Brasil 193
11.3 A Sustentabilidade no Mercado do Luxo no Brasil 200

Capítulo XII - Como entrar nesse Mercado,
sendo Funcionário ou Empreendedor 206
12.1 Como trabalhar ou gerar negócios no Mercado do Luxo........207
12.2 Sites úteis sobre o Mercado do Luxo 212
12.3 Empresas que atuam no Mercado do Luxo no Brasil...............214

Capítulo XIII - Conclusão...230

Leitura Recomendada 241

Bibliografia 244

Agradecimentos...247

Selling Luxury means selling feelings
Vender Luxo significa vender emoções

CAPÍTULO I
O UNIVERSO DO LUXO

ESTE CAPÍTULO TRATARÁ DO UNIVERSO DO LUXO, revelando o seu surgimento, passando pela sua essência, a sua importância, os conceitos teóricos e os conceitos das experiências pessoais associados a uma época e cultura, e a sua trajetória no Brasil. Essa viagem é necessária para se entender o luxo na sua totalidade, compreendendo tudo aquilo que está por trás do que podemos ver e sentir com o luxo.

O surgimento do universo do luxo decorre da necessidade de uma classe social distinta. Isso é fácil de ser visualizado se lembrarmos dos reis que pertenciam ao topo da pirâmide social, com um poder ilimitado para governar o seu Estado. Para se distinguirem, usavam produtos que davam maior imponência, através do seu símbolo, brilho, peso e unicidade – como coroas, brasões, anéis e ornamentos –, atendendo a uma espécie de "requisito" para demonstrar a sua superioridade diante dos seus súditos, já que as peças eram exclusivas dos reis e rainhas. Esses produtos, evidentemente, não eram usados fora do contexto da cultura dessa classe; eles tinham um significado, até mesmo para que os demais identificassem aquela superioridade, como no caso da vestimenta, que era composta por tecido especialíssimo, de uma cor rara, difícil de ser obtida. Entretanto, esses produtos não podem conflitar a cultura local, como, por exemplo, morar na Índia e usar a pele de uma vaca – que é um animal sagrado para eles – para enfeitar a sua casa. Por isso, é correto afirmar que esses produtos incluem, além da história (riqueza), a tradição e a cultura de um povo.

Assim, conclui-se que, desde os seus primórdios, o luxo é a medida da riqueza de uma classe social e, até mesmo, de uma nação, haja vista que ninguém apostaria na confecção e venda de peças de luxo onde não houvesse, ao menos, perspectiva desse consumo. É preciso que se entenda que, do ponto de vista do consumidor, o artigo de luxo faz despertar sentimentos de desejo e admiração tanto por ele quanto pelas demais pessoas do seu meio social, simplesmente, pelo fato de usar uma peça que é referência de luxo. A partir daí, verifica--se que o valor de um artigo de luxo não está na sua utilidade (até porque ele é supérfluo), mas, sim, no sentimento despertado pelo consumidor, bem como na sua beleza e fantasia. Há o pensamento de um autor alemão que caracteriza muito bem esse valor: "O desejo de se ter é maior que o da posse". Entretanto, não devemos esquecer que esse artigo é fabricado artesanalmente, com matérias-primas raras, concebendo-se produtos sob medida e exclusivos, acessível a poucos, sob a égide de uma grife, em um setor que dita o que se deve usar para se conseguir adentrar uma classe social restrita. O mesmo ocorre em um serviço de luxo: a sua personalização e exclusividade. Tudo isso contribui para o valor final do produto ou serviço de luxo.

1.1 DEFINIÇÃO DO LUXO

"Antigamente, os ricos tinham obrigação de usar joias e viver em mansões para se diferenciar das outras classes sociais. Essa obrigação acabou – ou está em vias de. Os ricos dispõem do luxo num caráter mais privado. Nos Estados

Unidos, o milionário mostra que tem dinheiro sendo filantropo, tendo seu nome ligado a fundações, como Bill Gates. O luxo contemporâneo não é alimentado pela vontade de despertar inveja, de ser reconhecido pelo outro, mas pelo desejo de admirar a si próprio, de deleitar-se consigo mesmo. É essa dimensão narcísica que se tornou dominante e está mudando o conceito do luxo."

Gilles Lipovetsky

O luxo é conceituado de dois modos: tradicional e contemporâneo. O luxo tradicional é o serviço ou produto raro, exclusivo, desenvolvido para poucos, cuja confiança está na marca esculpida no produto. Esse luxo tem um caráter objetivo, isto é, está relacionado ao materialismo, a tudo aquilo que o dinheiro pode comprar, fazendo, através desses elementos, a pessoa ganhar destaque perante os outros.

Já no luxo contemporâneo há um caráter subjetivo nos símbolos que caracterizam o luxo (raridade, exclusividade e de difícil obtenção), gerando uma carga emocional, oriundo da necessidade humana, de um significado pessoal. Esse luxo surge da premissa de "não se ter" o que é necessário – em oposição ao luxo tradicional, que foi originado "ao se ter". O sociólogo italiano Domenico de Masi classifica o luxo contemporâneo em cinco elementos, na seguinte ordem de importância: tempo, autonomia, silêncio, beleza e espaço. Conforme se evolui, ganha-se e aprende-se muita coisa, mas as mais básicas, que fazem parte da existência do ser humano, estão sendo perdidas; e, por isso, esse tipo de luxo foi criado para mostrar que, de tão abundante, ficou escasso.

O trabalho é a venda do próprio tempo para construir o produto que a empresa quer vender, e, para investir em uma valorização futura desse tempo, disponibiliza-se mais tempo, normalmente após o trabalho, para a especialização profissional. E o dia fica bem curto e corrido para cumprir todos os compromissos. Aí, surgem as necessidades: E o tempo para a família? E o tempo para estar com as pessoas que se ama? E o tempo para realizar projetos pessoais? E o tempo para os momentos de relaxamento? E o tempo para o ócio? E o tempo para curtir a natureza e os recursos naturais? É muito tempo faltando, para pouco tempo sobrando, o que o torna cada vez mais escasso, tornando-se um luxo tê-lo, conseguindo, assim, realizar algumas dessas necessidades.

Para falar sobre o luxo da autonomia, é necessário compreender que praticamente estamos envolvidos pela rotina, seja em nossas casas, seja no trabalho, ao longo da semana e até nos finais de semana. Então, surge aquela inquietação de se fazer o que quer. É a autonomia, que é dependente do luxo tempo! O que torna difícil a formulação da pergunta: "O que quero fazer hoje?" – E, mais difícil ainda, a possibilidade de respondê-la.

O luxo do silêncio, um egoísmo "do bem", que significa um tempo só para si, é algo difícil de se alcançar: seja pelas pessoas – no trabalho, dentro da sua casa ou vizinhos – ou pelo ambiente, já que as cidades estão cada vez mais barulhentas. Um outro luxo, o da beleza, pode ser traduzido como a recuperação, ou correção, de tudo aquilo que o estresse lhe tira, seja para uma melhoria definitiva ou para ocasiões especiais.

E, por fim, há o luxo do espaço, que está relacionado ao crescimento populacional, que aumenta a demanda na compra de imóveis; seja pelo aumento do preço do metro quadrado, ou pela falta de espaço em determinados bairros para se construírem novas residências, está cada vez mais caro ter uma habitação própria.

É interessante destacar a releitura que o luxo moderno provocou no termo luxo, pela tentativa de se viver mais e melhor, focando o tempo presente, não importando a aparência e a classe social, e, sim, o prestígio pessoal, onde momentos e sensações estão cada vez mais difíceis de serem vivenciados.

Tabela 1: Luxo Tradicional x Luxo Contemporâneo

LUXO TRADICIONAL	LUXO CONTEMPORÂNEO
Membros de família tradicional, socialites, herdeiros de títulos e de grandes fortunas.	Profissional bem-sucedido em qualquer área de atuação, conceituado pelo seu conhecimento e valor pessoal.
Valorização da marca nas roupas. Preciso me vestir com grifes, para mostrar quem eu sou.	Valorização das roupas sem marcas, em prol dos tecidos, e das grifes que levam em conta a sustentabilidade. Não preciso de rótulos para dizer quem eu sou.
Ostentação.	Elegância com simplicidade.
Viagens para comprar, ver e ser visto. Nova York, Miami, Londres e Paris.	Viagens sensoriais, levando em consideração o emocional. Camboja, Vietnã, Machu Picchu, Amazônia e Fiji.
Ser convidado para se sentar na primeira fila dos desfiles de moda e ser o centro das atenções.	Sentar na primeira fila dos desfiles virou over. Chique é ser convidado para se sentar na primeira fila e sentar na terceira ou quarta fila dos desfiles, valorizando o anonimato. Não preciso mais aparecer para dizer quem sou.
Festas de casamento cinematográficas com mil convidados.	Festas de casamento simples, apenas com os melhores amigos.
Valorização do morar em mansões enormes, em bairros tradicionalmente nobres, com inúmeros funcionários.	Valorização do morar em apartamentos (buscando segurança), não tão grandes, mas aconchegantes. Poucos funcionários. Em bairros perto das escolas dos filhos e próximo do local de trabalho. Imóveis com significação pessoal: vista deslumbrante, pomar no jardim.
Restaurantes caros e exuberantes, com chefes famosos. Ser visto nos restaurantes da moda é mais importante do que a própria comida.	Restaurantes pequenos, fora do eixo dos grandes centros urbanos, com comidas feitas de maneira artesanal, sem conservantes, orgânica, com produção que respeita o meio ambiente, ou que traz memórias afetivas.
Lutar para sair nas colunas sociais.	Recusar sair nas colunas sociais.
Valorização do trabalho. Passo muitas horas no meu trabalho, além de trabalhar os finais de semana. Eu sou insubstituível. A empresa não vive sem mim. Trabalho centralizador.	Valorização da minha família. Passo muitas horas com a minha família e os meus amigos. Viajo nos finais de semana. Eu sou apenas mais um na empresa. Trabalho em equipe e descentralizado.

Em tempos de globalização, o luxo contemporâneo vai ficando cada vez mais em evidência, porém, o luxo tradicional não deixará de existir, mas conviverá com esse novo luxo, o emocional. A Europa já fez essa transição do luxo tradicional para o contemporâneo. No Brasil, algumas pessoas já perceberam essa mudança, mas, como a cultura do luxo é muito recente no país – o mercado do luxo nacional tem apenas 20 anos, ou seja, ainda está em processo de amadurecimento –, há um atraso nessa cultura do luxo. Mesmo assim, precisamos analisar, também, a diferença de comportamento do luxo em São Paulo com relação aos outros estados brasileiros; isso significa que dentro do Brasil, igualmente, existe um atraso nessa cultura do luxo, e que esse processo começa em São Paulo e segue em direção aos demais estados.

1.2 O QUE É LUXO PARA VOCÊ?

"O Luxo é o contrário da Vulgaridade"
Coco Chanel

O conceito de luxo varia de pessoa para pessoa, pois cada um tem uma percepção diferente do que é luxo. O que é importante, raro e especial para uma pessoa, pode não ser para outra, e por assim em diante.

Aqui, a ideia é fazer uma avaliação 360° sobre o luxo, através das definições das personalidades que vivem o luxo. Vamos a elas:

"Simplicidade... é o melhor e o maior luxo da vida! Ser simples em todas as circunstâncias, mas, lógico, bebendo café em xícara de café et champagne dans une tasse a Champagne! Tout simplement."
Bethy Lagardere – empresária

"Luxo é estar vivo, com saúde, ter amigos de verdade, uma família maravilhosa, trabalhar com o que gosta, ter caráter, ser gentil, poder ajudar a quem precisa, ter sonhos, projetos e cultura. Luxo é ter estilo. Luxo não se compra, ao contrário do que muita gente pensa. Luxo é luz, do latim lux!"

Paulo Ricardo – cantor

"O luxo para mim é a tranquilidade; mas quando a gente fala de luxo pensamos mais em produtos, e, nesse caso, é uma combinação de 3 coisas: SAVOIR-FAIRE, TRADITION, RARETÉ! Conhecimento, tradição e exclusividade."

Dimitri Mussard – CEO da Acaju do Brasil e um dos herdeiros da Hermès

"Luxo é viver com saúde, ter uma família e ser feliz."

Vera Gimenez – atriz

"O que é luxo para mim? É poder caminhar na natureza, sentir o ar puro e o sol batendo no meu rosto. Sentir a água do mar batendo nas minhas pernas, subir uma montanha e sentir o vento. Isso tudo com muita tranquilidade. Bater um bom papo com um copo de vinho e conhecer lugares novos."

Christina Oiticica – artista plástica, esposa do escritor Paulo Coelho

"Luxo para mim é liberdade pra fazer e dizer o que te der na telha. Dinheiro para mim é barato e só serve como uma condição, para te comprar exponenciais de liberdade. Se os elos da cadeia que me prendem à parede são feitos de ouro, que diferença isso faz?"

Facundo Guerra – empresário

"Luxo para mim é poder ficar em casa lendo um livro sem ninguém me incomodar ou, ainda, ter 2 dias de folga e poder brincar com meu filho."

Eleonora Paschoal – jornalista

"Luxo para mim é: A união do conforto com a beleza e, claro, com um toque de exclusividade."

Mario Bulhões – empresário da Pacha Búzios

"O luxo não é valor, e sim a elegância e a naturalidade; por isso, quanto mais consciência disso – saber transformar a simplicidade em luxo – mais luxuoso será.

Como posso explicar o que sinto em relação à palavra LUXO? O luxo é muito importante e está sendo usado como referência de valores ($$$), e não de atitude, como acho que deveria ser. Luxo é a simplicidade e a delicadeza no modo de pensar, de se comportar, de amar... O luxo está na alma, e não no carro importado que fulano tem, muito menos no último modelo de barco que sicrano adquiriu. Luxo está no comportamento e não no talão de cheques, muito menos no cartão de crédito. Um dos maiores luxos atuais é o TEMPO, tempo livre pra cuidar de si, ficar com a família, com os amigos ou simplesmente conseguir aproveitar também os exclusivos e raros momentos de ócio. O silêncio, os instantes da pausa... saber viver isso é um luxo!"

Andrea Fasano – empresária

"Luxo para mim, dentro do universo da moda, é aquilo que realmente te faz feliz. O verdadeiro significado está dentro de qualquer um: você tem de estar bem com você mesmo; depois, o luxo vem na busca de uma peça ou um vestido que fará daquele momento único e inesquecível em sua vida (um vestido de noiva, por exemplo). O maior presente na minha profissão, onde atuo há 15 anos,

é o prazer de fazer parte desses momentos de dezenas de clientes e ver como o luxo é a felicidade e o reflexo do meu trabalho... luxo é ser feliz e não seguir tendências, e sim o coração..."

Rogerio Figueiredo – estilista

"Luxo para mim não está ligado a exclusividade ou ao alto valor de algum objeto ou serviço. Creio que luxo está relacionado à possibilidade de realização da vontade, do que não busca suprir necessidades, mas do que dá prazer, do supérfluo. Nesse aspecto, luxo pode ser tão simples quanto tomar um sorvete quando se deseja. Para mim, ostentação não é luxo, é vulgaridade. Viajar, para mim, sintetiza bem o luxo por exigir recursos e tempo, sendo esse último, clichê ou não, o elemento mais luxuoso que alguém pode ter."

Felipe Folgosi – ator e apresentador

"Para mim, luxo é o que me fica bem; na realidade, gosto muito de vestir uma roupa de grife, um relógio poderoso, mas, antes de mais nada, é aquilo que me fica bem, não o mais caro"

Eliane Pitanguy – empresária

"Luxo para mim é tudo aquilo que me faz sentir ao mesmo tempo: riqueza, poder, conforto, sofisticação e satisfação... uma camiseta nova, da mais simples malha branca, por exemplo..."

Eder Meneghine – empresário

"O luxo brasileiro é um retrato do nosso país – improvisado, belo, rico e, ao mesmo tempo, caótico."

DJ Ana Paula

"Luxo Total é a condição de poder SER e ESTAR com tudo AQUILO QUE TE FAZ SENTIR PLENA NA ALMA E NO CORAÇÃO."

Preta Nascimento – empresária

"Luxo é ter saúde, estar cercado por quem se ama, viver confortavelmente. O resto é detalhe."

Silvio Gemaque – Juiz Federal

"Luxo é ter tempo livre para usufruir as conquistas e curtir com as pessoas que mais amo."

Tatjana Ceratti – apresentadora do programa Mundo Fashion

"Luxo, para mim, é ser natural!!"

Cristiana Arcangeli – Empresária

1.3 A TRAJETÓRIA DO LUXO NO BRASIL

O luxo nos seus primórdios era palpável apenas pelos impérios dominantes e, dentro deles, com o regime de castas absolutas, pelas classes dominantes. Nesse sentido, conforme esses impérios conquistavam outros territórios, eles enviavam representantes para essas colônias, que continuavam a consumir produtos do império dominante para satisfazer as suas necessidades básicas, através da escolha de produtos de melhor qualidade, demonstrando, assim, a sua "superioridade" e, desse modo, introduziam o luxo no local. Afinal, aqueles, no caso do Brasil em 1534, que representavam o rei de Portugal na colônia, tinham a "regalia" de encomendar produtos europeus, trazidos nas embarcações. Aos que não pertenciam a esse grupo de privilegiados, caberia admirar e cobiçar as ostentações feitas por esse grupo.

Nesse período colonial, a principal matéria-prima do Brasil era um artigo de luxo: o pau-brasil, que era comercializado pelos árabes nas rotas mediterrâneas, sendo utilizado no tingimento de tecidos finos e, também, na fabricação de tintas para a escrita. Já para os brasileiros colonizados, luxo era quem tinha a posse de escravos, conferindo distinção social e demonstração do poder da riqueza do proprietário.

Nesse período, o luxo era consumido tanto pelos ricos senhores de engenho quanto pela elite da época, que importavam desde joias e vestidos de luxo a condimentos orientais, determinando o *status*, inclusive no continente europeu.

Até o ano de 1800, a China, que teve a sua rota descoberta pela expansão marítima portuguesa quase na mesma época que a descoberta do Brasil, desempenhou um papel importante com o aporte dos seus produtos de luxo, como porcelanas e móveis, trazidos pelos portugueses marinheiros, militares e funcionários em geral. Entretanto, a partir do século XVII, houve uma maior diversificação pelo aumento e procedência dos produtos importados, como: os pianos austríacos, as cervejas holandesas, os licores franceses, os azeites e vinhos portugueses, os queijos suíços, os tecidos, a porcelana e os sapatos ingleses.

Apesar da crescente importação nesse período, nada se compara ao ritmo frequente das importações dos produtos dessa cadeia após a "legitimação" do poder com a vinda da família real portuguesa para o Brasil em 1808, sendo considerado o marco inicial para os produtos de luxo. Esse novo ritmo de importação ocorre com a chegada de D. João, revogando o pacto colonial, que assegurava a Portugal o monopólio no comércio no Brasil, passando esses produtos pelas mãos lusitanas antes de chegarem à colônia, encarecendo os produtos. Além da revogação do pacto, outro fator que contribuiu para o barateamento e diversificação dos produtos importados, inclusive os de luxo, foi a abertura dos portos brasileiros, medida que permitia a importação de produtos sem que estes viessem pelas frotas portuguesas.

Acrescido a essa mudança financeira, no que tange à não-cobrança dos impostos, a realeza trouxe, entre os seus pertences, os produtos feitos exclusivamente para o rei e, também, os oriundos da dominação territorial, da exploração marítima, além de trazerem de Portugal os serviçais especializados em atender aos desejos reais, como se estivessem em seu país colonizador.

Esse início do luxo é marcado pela moda, que foi trazida da Europa, bem como pela introdução da cultura europeia com os costumes trazidos pela corte real, o que modificou os hábitos e costumes culturais e tradicionais locais pelos modos e maneiras peculiares da realeza europeia. Entre os produtos trazidos pela família real, destacam-se: obras de arte, joias, porcelanas, móveis, roupas e utensílios.

Nesse período, a capital do Brasil, que era o Rio de Janeiro, estava em transformação não só pela abertura dos portos, que provocou mudanças na cidade, como, também, por causa dos movimentos que conduziram a uma transformação dos costumes, aprimorando o gosto nativo por produtos europeus. Esses movimentos contemplam: a vinda da corte portuguesa, a chegada das embaixadas estrangeiras, o desembarque de viajantes europeus, que faziam escala no Brasil em suas trajetórias pelo globo, e os profissionais estrangeiros que passaram a adotar o país como a sua nova morada. Todos traziam hábitos europeus que, rapidamente, a elite local procurava incorporar. A convivência entre brasileiros e europeus recém-chegados estimulou a apreciação de produtos importados e levou ao refinamento do gosto das altas classes.

Esse primeiro momento do luxo permite afirmar que o Rio nunca mais foi o mesmo, em razão de todas essas mudanças, devido à presença da família real. O centro dessas mudanças na cidade estava localizado na rua do Ouvidor, onde se encontravam todas as novidades, os artigos finos importados e as melhores confeitarias da cidade.

Além de ser o epicentro de produtos luxuosos, a então capital federal ganhou uma sofisticada arquitetura com o "Paço Imperial", na praça XV, sede do governo federal. Há também a Quinta da

Boa Vista, que foi construída conforme os moldes da arquitetura portuguesa, com suas fontes e jardins, servindo de palácio real do regente e sua família. Neste rol de destaque arquitetônico, há a academia militar e o Jardim Botânico, cujo objetivo era aclimatar espécies europeias ao clima brasileiro, especialmente especiarias e, por fim, o Museu Nacional de Belas Artes, construído no início do século XX.

Em relação à cultura, em 1816, para promover o desenvolvimento cultural, foram convidados vários artistas franceses como: Debret, Taunay, o arquiteto Granjean de Montigny, entre outros. Nesse início, também havia os saraus literários, os concertos de música e o desenvolvimento do teatro, com artistas portugueses e europeus. Outro fato importante foi a construção da Biblioteca Nacional, inicialmente chamada de Biblioteca Real, com um acervo de livros trazidos de Portugal.

Como se pode notar, as mudanças foram muitas, como se o Rio tivesse que se adaptar à família real. Os gostos da realeza eram bastante refinados para a população local, como, por exemplo, as porcelanas e os cristais Baccarat, que eram as preferências de Dom Pedro II. Ele sempre aguardava no porto o desembarque das suas encomendas parisienses.

Por ser a capital do Brasil e o centro do desenvolvimento do luxo, o Rio exercia forte influência no resto do país. No final do século XIX, a intenção de se tornar chique e refinada perpassava pela elite local. Nessa época, o nível de desenvolvimento do comércio já permitia a ascensão dos "novos-ricos", que faziam questão de ostentar o luxo, mesmo sem sobrenomes importantes ou histórico familiar de respeito, que recorriam ao consumo como forma de marcar seu ingresso na elite e alcançar projeção social.

Conforme o tempo e a socialização do luxo, este foi se modificando. No século XX, no período da *Belle Époque*, o pré-requisito de aceitação nos círculos mais refinados era saber o que se usava na Europa. O consumo de luxo se desenvolvia em outros centros urbanos, além do Rio. Em São Paulo, havia os barões do café, e, em Manaus e Belém, os produtores de borracha. O enriquecimento permitia que mais pessoas tentassem participar daquele universo de *glamour*.

Entretanto, a crise de 1929 e a revolução de 1930 fizeram com que os produtos industriais importados fossem substituídos pelos produtos fabricados no país, e, nas décadas de 1950, 60 e 70, os artigos estrangeiros de luxo passaram a ser acessíveis, somente, mediante viagens internacionais, já que os produtos vendidos por aqui tinham preços exorbitantes. No entanto, essas viagens eram raras; apenas uma pequena parte da classe média podia desfrutar desse luxo, ainda que não frequente.

Na década de 1980, que foi abalada por sérios problemas econômicos, o brasileiro passou a ter um acesso limitado a algumas marcas internacionais. Já na década de 1990, aconteceu o segundo momento em importância para o luxo, com a reabertura dos portos pelo então presidente Fernando Collor de Mello; e, anos mais tarde, com o sucesso do plano Real e a mudança da política cambial encabeçada pela paridade do dólar versus o real (US$ 1 = R$ 1). Essas medidas impulsionaram o poder de compra dos brasileiros, através do acesso a viagens e a produtos importados de luxo.

A evolução do luxo no Brasil mostra que o consumo sempre esteve vinculado à realidade política, econômica e cultural de uma sociedade, sendo que o luxo mudou um pouco sua feição conforme o tempo.

CAPÍTULO II
UMA VISÃO DO MERCADO DO LUXO NO MUNDO

Neste capítulo, será estudado o mercado do luxo global, nos BRICS e na América Latina, afinal, o entendimento das atividades do mercado do luxo no Brasil necessita de uma visão ampla, em comparação com o tamanho dos negócios no mercado do luxo mundial. Anualmente, as empresas estrangeiras encomendam inúmeras pesquisas às empresas de consultoria para terem a dimensão do mercado do luxo em grupos econômicos de alta relevância, como os BRICS, bem como em regiões pouco exploradas, como a América Latina, e, mais especificamente, em países promissores como o Brasil, para decidirem onde vão investir para lucrar. É com base nos dados das pesquisas realizadas sobre o mercado do luxo nos principais grupos econômicos que será feita uma radiografia desse mercado.

Então, para que se entenda esse comércio, será feita uma análise da sua composição. O mercado do luxo no mundo movimentou € 212 bilhões em 2012, um crescimento de 10% em relação a 2011, superando as previsões, que eram de um crescimento de 3% a 5%. A previsão para 2015 é de que esse mercado irá faturar entre € 240 bilhões e € 250 bilhões.

Desses € 212 bilhões movimentados em 2012, 35% foram nos mercados europeus, 31% nos mercados americanos, 9% no mercado japonês, 20% no mercado asiático-pacífico e 5% no resto do mundo.

Dentre os produtos consumidos em 2012, há 26% na moda, 27% em acessórios, 22% em joalheria e relógios, 20% em perfumes e cosméticos e 3% em vinhos e champanhe.

Para 2013, as perspectivas são bem positivas em relação ao crescimento desse mercado. Os conglomerados de luxo irão focar nos países emergentes, e não apenas na China, com Brasil e México como focos principais. Os segmentos de joalheria, relojoaria e acessórios terão uma performance melhor do que os outros segmentos. Já os segmentos de moda e acessórios continuarão representando mais da metade do faturamento desse mercado. O mercado do luxo no mundo é composto de 41% de homens e 59% de mulheres. As marcas de luxo estão otimistas e apostando no crescimento do consumo de luxo pelos homens, principalmente na Ásia e América Latina. Segundo a Bain Company o Mercado do luxo no mundo movimenta aproximadamente €1 trilhão, quando inclui todos os segmentos de luxo como hotelaria, gastronomia, veículos, aviação executiva, etc.

2.1 O MERCADO DO LUXO NO MUNDO

No *ranking* dos países que mais faturaram e consumiram luxo em 2012, os Estados Unidos apareceram no topo, com uma movimentação de € 59 bilhões, tendo Nova York como a principal cidade, com um faturamento estimado em € 20 bilhões (34% do valor do país). Em segundo lugar, veio o Japão com uma movimentação de € 19,7 bilhões em 2012 e € 18,5 bilhões em 2011, sendo Tóquio a vitrine do mercado do luxo no Japão. A Itália apareceu com € 18,2 bilhões, tendo Milão como a responsável por € 4,5 bilhões, ou seja, 25% do Mercado italiano. A França movimentou € 15,1 bilhões, com Paris responsável por 66% desse valor, ou seja, € 10 bilhões.

A China, desconsiderando Hong Kong, apareceu em quinto lugar, com € 15 bilhões em 2012 e € 12,9 bilhões em 2011. O mercado do luxo na China vem crescendo 35% ao ano e tem uma perspectiva de continuar crescendo 35% nos próximos 4 anos. Já Hong Kong foi desvinculado dessa listagem, em razão do seu tamanho, e aparece de forma independente na nona posição, com uma movimentação de € 7 bilhões em 2012 e € 5,8 bilhões em 2011 (o mercado do luxo em Hong Kong, segundo a Bain & Company, é maior do que o mercado do luxo no Brasil, na Índia e na Rússia, e tem tido um crescimento acima da média global).

O Reino Unido, apesar da crise, teve um crescimento de 9% em comparação ao ano anterior, movimentando € 11.5 bilhões, sendo Londres responsável por 65% desse valor, ou seja, € 7,5 bilhões, tendo a seu favor a realização dos jogos olímpicos que alavancaram as vendas em Londres. A Alemanha apareceu em sétimo lugar com € 9,6 bilhões, a Coreia do Sul apareceu em oitavo lugar com € 8,3 bilhões e crescendo 13% ao ano.

Em relação aos BRICS, apenas a China apareceu no *ranking* dos 10 países que mais consomem luxo no mundo. A Rússia apareceu na 11a posição com € 5,5 bilhões, sendo Moscou responsável por 73% deste valor. No entanto, a expectativa é de que Brasil, Rússia, China e Índia representem 52% do mercado do luxo no mundo em 2025. A China, sozinha, terá uma fatia de 33% desse mercado. Com esses números, pode-se ter uma ideia de por que as marcas de luxo estão mudando os seus conceitos e se adaptando à nova realidade. A previsão é de que o Brasil represente 5% desse mercado no mundo em 2025, com um faturamento estimado de US$ 48 bilhões.

Essa composição no *ranking* dos países no mercado do luxo mundial está relacionada com as transformações que esse negócio vem sofrendo desde 1995. A seguir, são apresentadas essas transformações:

- 1995-2000 – **Democratização do mercado do luxo.** Em 1995 foram € 77 bilhões e, em 2000, € 128 bilhões, o que representou um aumento de 66% no mercado do luxo mundial nesse período.

- 2001-2004 – **Consolidação do mercado do luxo.** Em 2001 foram € 133 bilhões e, em 2004, € 136 bilhões, o que representou um aumento de 2,3% no mercado do luxo mundial nesse período.

- 2005-2007 – **Expansão do mercado do luxo.** Em 2005 foram € 147 bilhões e, em 2007, € 170 bilhões, o que representou um aumento de 16% no mercado do luxo mundial nesse período.

- 2008-2009 – **Crise no mercado do luxo.** Em 2008 foram € 167 bilhões e, em 2009, € 153 bilhões, o que representou um encolhimento de 8% no mercado do luxo mundial nesse período.

- 2010-2011 – **Revitalização do mercado do luxo.** Em 2010 foram € 173 bilhões e, em 2011, € 191 bilhões, o que representou um aumento de 10% no mercado do luxo mundial nesse período.

Fazendo-se uma radiografia do mercado do luxo no mundo, de 2011 para 2012, podem-se ressaltar alguns pontos importantes: aumento considerável dos resultados nas lojas de departamentos dos Estados Unidos; aumento das vendas pela internet; boa performance de todos os segmentos do luxo; cliente do luxo voltando aos hábitos que tinha antes da crise; crescimento considerável das vendas através do *e-commerce* nas grifes internacionais (*e-commerce* vem crescendo 25%), movimentando € 7 bilhões, 25% a mais do que em 2011. Fazendo-se uma análise do mercado do luxo no mundo no período de 2011 para 2012, verifica-se que a Europa, apesar de diminuir em 2% a sua participação no mercado do luxo no mundo, passando de 37% (€ 71 bilhões) em 2011 para 35% (€ 74 bilhões) em 2012, teve um aumento de 9% nas vendas nesse mesmo período. Ainda assim, continua a ser o principal continente para o mercado do luxo no mundo, tendo a Itália, França, Inglaterra e Alemanha como os principais países consumidores do luxo na Europa (representando, juntos, 74% do mercado do luxo no continente europeu).

Figura 1: O mercado do luxo no mundo

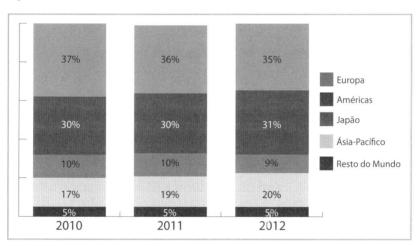

Fonte: Bain & Company e Fondazione Altagamma.

O mercado do luxo nos países da Europa Central e Turquia alcançou um rápido crescimento. No entanto, não se deve esquecer a força da Rússia, que, apesar de ter crescido apenas 7% nesse período, vendeu € 5,5 bilhões em 2012, ficando em 11o lugar entre os países que mais consumiram luxo no mundo.

Figura 2: Os principais consumidores do luxo na Europa

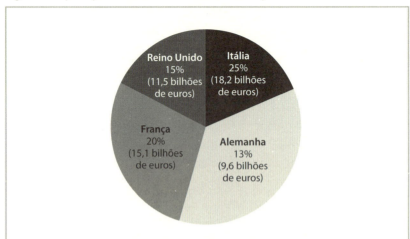

Fonte: Bain & Company e Fondazione Altagamma.

Já as Américas aumentaram em 1%, em 2012, sua participação no Mercado do luxo global, passando de 30%, em 2011, para 31%, em 2012. As Américas são o 2º continente mais importante para o mercado do luxo no mundo, tendo os Estados Unidos, Brasil e México como os principais países consumidores desse mercado. O continente americano movimentou € 65 bilhões em vendas em 2012 contra € 57 bilhões em 2011, perfazendo um aumento de 13% nesse período. Um dos fatores importantes para esse aumento foi o crescimento no número de turistas chineses comprando em Nova Iorque e Havaí. Outro fator significativo foi o aumento nas vendas no segmento de joalheria e relojoaria.

O mercado do luxo no Brasil passou a ganhar significância nas Américas a partir de 2009 (nesse ano a Chanel e a Hermes chegaram no país), segundo a Bain & Company; ele cresceu 17% de 2011 (€ 2,3 bilhões) para 2012 (€ 2,7 bilhões), e as marcas de luxo estão focando cada vez mais o país – as grifes que ainda não estão aqui, chegarão nos próximos anos. O Brasil vem ganhando importância também nos relatórios internacionais. Pela primeira vez, a Bain & Company dedicou uma página ao Brasil no seu relatório semestral sobre o mercado do luxo no mundo. Um outro fato relevante que ocorreu em 2012: as marcas de luxo deixaram a Argentina, fortalecendo ainda mais a posição do mercado do luxo no Brasil.

A Ásia-Pacífico aumentou em 1% a sua participação no mercado do luxo no mundo, passando de 17% em 2010 para 19% em 2011, tendo a China como principal país nesse bloco. Além do mais, a China teve mais abertura de lojas das marcas de luxo em 2011 que a Europa e Estados Unidos juntos.

A Ásia-Pacífico aumentou em 1% a sua participação no mercado do luxo no mundo, passando de 19% em 2011 para 20% em 2012, tendo a China como principal país nesse bloco. Além do mais, a China teve mais abertura de lojas das marcas de luxo em 2011 e 2012 que a Europa e Estados Unidos juntos.

No entanto, se somarmos a movimentação de Hong Kong (€ 7 bilhões), Taiwan (€ 4,5 bilhões) e Macau (€ 0,9 bilhão) com a da China (€ 15 bilhões), teremos € 27,4 bilhões, ou seja, a China ultrapassaria o Japão e ficaria em segundo lugar no *ranking* mundial. Outro fator importante a ser considerado é que os chineses, além de consumirem na China, Hong Kong, Macau e Taiwan, também consumiram em outros países. Em cada 4 consumidores de luxo no mundo, um é chinês. Somente eles, os chineses, consumiram 20% do mercado do luxo no mundo em 2012.

Em cidades como Paris e Milão, os turistas chineses representam mais do que 50% das vendas.

A China vem sendo usada como teste para esse mercado pelas grifes internacionais, sendo crescente o número de grifes que estão tomando o controle direto das operações de distribuição na China.

Figura 3: O mercado do luxo na China

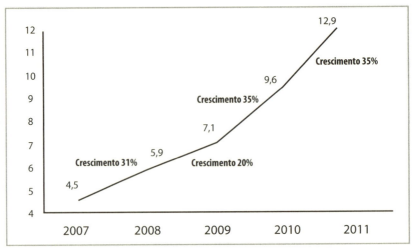

Fonte: Bain & Company e Fondazione Altagamma.

O Japão manteve, em 2012, o mesmo percentual de 2011, continuando com a participação de 9% no mercado do luxo mun- dial. O Japão é o segundo país consumidor do luxo no mundo. As vendas no mercado do luxo estacionaram no país devido ao terremoto de 11 de março de 2011. Apesar disso, os efeitos do terremoto foram menores do que o esperado.

A partir de julho de 2011, os japoneses voltaram a comprar produtos de luxo. No Japão, os riscos nucleares forçaram as grifes internacionais a fecharem as lojas por mais de 10 dias (as lojas em Osaka não foram afetadas e a performance foi a mesma de 2010). Os consumidores japoneses são importantes para o mercado do luxo no mundo, já que 5% (um percentual considerável) das vendas no mercado do luxo dos Estados Unidos estão relacionados a esses turistas. O terremoto de 11 de março de 2011 não afetou muito o mercado do luxo japonês nem sua performance para os próximos anos; o mesmo aconteceu no terremoto de 1995, também com um baixo impacto no mercado do luxo.

Figura 4: O mercado do luxo no Japão

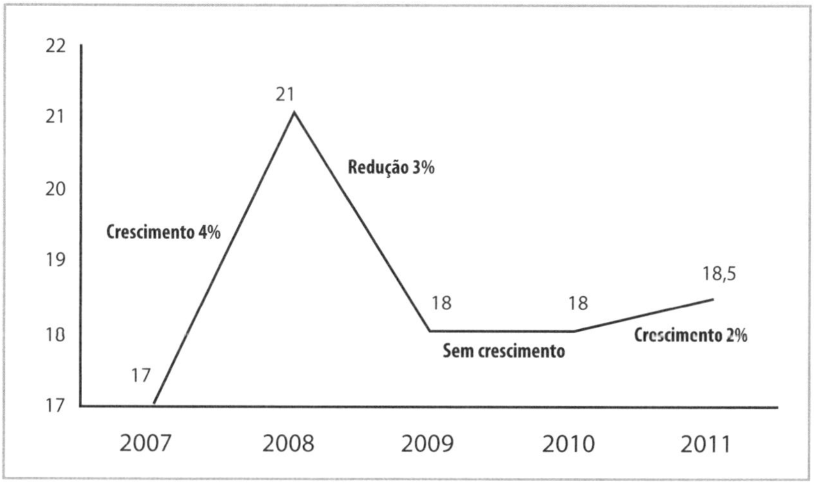

Fonte: Bain & Company e Fondazione Altagamma.

No restante do mundo, África e Oriente Médio, não houve nem crescimento nem redução no período de 2011/2012, continuando com a participação de 5% no mercado do luxo mundial.

A previsão é de que, se não houver nenhuma outra crise mundial ou algum fator não previsível (terremotos, tsunamis, atentados terroristas, entre outros), o mercado do luxo mundial faturará entre € 240 bilhões e € 250 bilhões em 2014.

O mercado do luxo no mundo tem como a sua "menina dos olhos" o segmento de moda, com 26% de todo o mercado em 2012. Esse segmento vendeu € 53 bilhões, sendo € 27 bilhões em moda feminina e € 26 bilhões em moda masculina. Com um aumento de 10% em relação a 2011.

O sucesso nas vendas ocorreu devido aos investimentos e a abertura de lojas em vários países do mundo (principalmente na China) com localização privilegiada. O mercado entendeu que existia um potencial de compras para o consumidor masculino. O homem, finalmente, resolveu ir às compras e está alavancando o segmento de moda. Em 2011, a divisão de moda feminina vendeu o mesmo que o segmento masculino (€ 24 bilhões). Outro fator que contribuiu para esse segmento, foi o aumento nas vendas de moda infantil. Quase todas as marcas estão investindo nessa categoria.

Os acessórios representaram 27% do mercado do luxo; os calçados venderam € 12 bilhões em 2012 (1/5 das vendas desse segmento), representando um aumento de 13% em relação a 2011.

O segmento de perfumes, cosméticos e marroquinaria represen- ta 20% do mercado do luxo no mundo (houve uma leve queda de 1% se comparado a 2011). Esse setor vendeu € 42 bilhões em 2012.

A marroquinaria (couro) teve vendas excepcionais de € 33 bilhões no mundo inteiro (70% do segmento), um aumento expressivo de 16% em relação a 2011. Essa boa performance nas vendas de marroquinaria aconteceu devido ao posicionamento das marcas de luxo e à conscientização dos consumidores de que os artigos de couro vendidos pelas marcas de luxo são de qualidade acima da média, feitos à mão e com uma vida útil longa, aliado ao fato de que esse segmento teve boas vendas na Ásia, principalmente na China.

Já os perfumes tiveram vendas de € 20 bilhões no mundo inteiro, um aumento de 4% em relação a 2011. Cosméticos aumentaram suas vendas em 5% em relação a 2011, conseguindo vender € 23 bilhões no mundo inteiro. Cremes para pele e para prevenção do envelhecimento foram os campeões de vendas. Outro fator importante foi que as vendas na China e América Latina atingiram os dois dígitos em 2011.

O setor de joalheria e relojoaria, que representa 22% do merca- do do luxo no mundo,. Esse segmento teve uma performance muito boa, acima das expectativas. O setor da joalheria vendeu € 11 bilhões em 2012, um aumento de 13% em relação a 2011. Parte do sucesso nas vendas de joalheria ocorreu pelo comércio de joias de prata, na oferta de produtos com preços mais acessíveis, além da expansão e operação direta das marcas de luxo.

O ramo de relojoaria também teve um bom desempenho nas vendas em 2012, com € 35 bilhões em relógios vendidos no mundo inteiro. Os relógios suíços finalmente voltaram aos números de vendas anteriores à crise mundial. As vendas de relógios foram surpreendentes na Ásia e nos países emergentes. Os homens aprenderam a comprar e impulsionaram as vendas nesse setor.

Já o segmento de vinhos e champanhe movimentou 3% do mercado do luxo no mundo em 2012.

Figura 5: Segmentos do luxo em 2010, 2011 e 2014

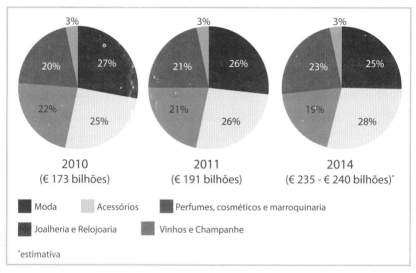

Fonte: *Worldwide Luxury Markets Monitor* (maio 2012) – Bain & Company e Fondazione Altagamma.

Conforme o relatório anual da Capgemini, em 2012, o mercado financeiro no mundo não teve uma performance tão boa em 2011 como ocorreu em 2010. No entanto, a concentração da riqueza mundial continua nas mãos dos Estados Unidos, Japão e Alemanha, que são responsáveis por 53% da riqueza no mundo. A Coreia do Sul foi a surpresa do relatório, pois ultrapassou a Índia em número de pessoas, com mais de 1 milhão de dólares para investir, ocupando a 12ª posição com 144 mil pessoas, uma posição atrás do Brasil, que ocupa a 11ª posição com 165 mil pessoas.

A economia mundial está retomando o seu crescimento, mas a economia dos países emergentes cresce muito mais rápido, com destaque para a Ásia-Pacífico, especialmente a China e a Índia.

A riqueza no mundo diminuiu 1,7% em 2011. A população, no mundo, de pessoas com alto poder aquisitivo – HNWIs (pessoas com mais de US$ 1 milhão para investir) – teve um crescimento moderado de 0,8%, passando para 11 milhões de pessoas no mundo, sendo 73% do sexo masculino e apenas 27% do feminino; 30% têm entre 40 e 64 anos, 24% têm de 19 a 39 anos e 20% estão acima dos 65 anos.

Esse perfil é a média mundial, pois no Oriente Médio, por exemplo, mais de 50% das pessoas com mais de US$ 1 milhão para investir possuem menos do que 25 anos, enquanto no Japão 80% possuem mais de 55 anos; na América do Norte, 68% das pessoas estão acima dos 55 anos.

Na verdade, ao se fazer uma análise por região, verifica-se que na Ásia-Pacífico a população de HNWIs é de 3,37 milhões de pessoas, totalizando US$ 10,7 trilhões, ultrapassando, pela primeira vez, a América do Norte (3,35 milhões de pessoas – US$ 11,4 trilhões no total) no quesito população mundial de milionários; em 2010, a Ásia-Pacífico já havia ultrapassado a Europa. A China ocupa a quarta posição do *ranking* com 562 mil pessoas e a Índia, que está na 13ª posição, tem 125 mil pessoas.

Na Europa, a riqueza da população HNWI totalizou US$ 10,1 trilhões, diminuindo 1,1% em 2011. A Alemanha é o país europeu com o maior número de pessoas com mais de US$ 1 milhão para investir, com 951 mil indivíduos, seguida do Reino Unido com 441 mil pessoas, da França com 404 mil, da Suíça com 252 mil e da Itália com 168 mil.

Na América Latina, o aumento da sua população HNWI em 2011 foi de 5,4%, sendo a região com o maior percentual de crescimento, com 500 mil pessoas; já a riqueza dos indivíduos com mais de US$ 1 milhão para investir diminuiu 2,9%, totalizando US$ 7,3 trilhões em 2011. O Brasil é o único país da América Latina que está entre os 12 primeiros nesse *ranking*, com 165 mil pessoas com mais de US$ 1 milhão para investir, ocupando a 11ª posição, com 33% dos milionários da América Latina. O Brasil foi o país que obteve o melhor percentual de aumento de pessoas com mais de 1 milhão de dólares para investir, ou seja, 6,2%; a China teve o segundo melhor desempenho, com 5,2%.

Figura 6: Número de indivíduos por país com mais de US$ 1 milhão para investir (em milhares)

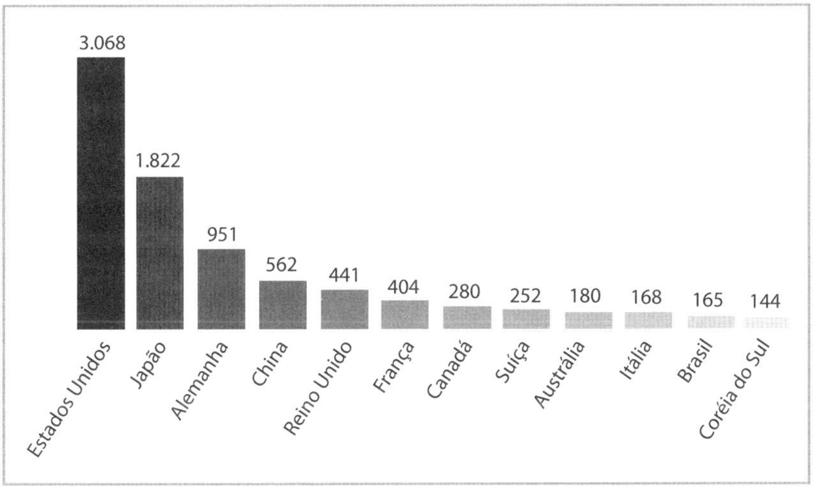

Fonte: *World Wealth Report* 2012.

Os investimentos desses indivíduos com mais de US$ 1 milhão para investir, na categoria paixão, em sua maioria, são em carros, barcos, iates, *jet skis* etc. Os segmentos dos automóveis e náutica representam 29% desses investimentos.

Figura 7: Investimentos com relação à paixão dos HNWIs em 2010

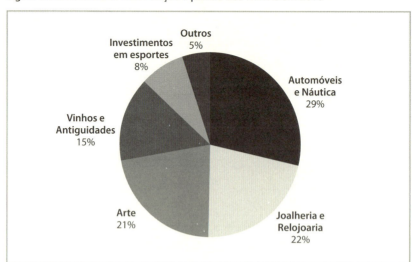

Fonte: *World Wealth Report* 2011.

No segmento dos automóveis, a Mercedes-Benz aumentou suas vendas em 15% no mundo inteiro, sendo que na China, (incluindo Hong Kong), as vendas aumentaram 112% e nos outros países emergentes, como a Índia, Brasil e Rússia, o aumento também foi considerável. A Ferrari, na China, vendeu quase 50% a mais do que em 2009 e está entre os 5 melhores mercados internacionais para a empresa.

O segmento de arte representa 21% na categoria paixão dos investimentos desses indivíduos com mais de US$ 1 milhão para investir. Fazendo uma análise por continente, na Europa foram 27% e na América Latina 28%.

Essa é uma modalidade de investimento que vem crescendo, ano após ano, já que a valorização das obras de arte costuma ser acima da média do mercado. Como exemplo, há a venda de duas pinturas que ocasionaram a quebra de dois recordes mundiais: o Giacometti vendido por US$ 104,3 milhões em fevereiro de

2010, e uma pintura de Picasso vendida por US$ 106,5 milhões em maio de 2010. E, em 2012, o quadro "O Grito", de Edvard Munch, superou o recorde mundial ao ser vendido por US$ 119,9 milhões de dólares.

A divisão de joalheria e relojoaria representa 22% dos investimentos desses indivíduos (com mais de US$ 1 milhão para investir) na categoria paixão, tendo o Oriente Médio como o principal continente consumidor desse segmento, com 29% dos investimentos, contra 35% em 2009. Para se ter uma ideia desse mercado, a Christie's bateu o recorde com a venda de relógios finos e raros no valor de US$ 91,2 milhões.

O segmento de vinhos e antiguidades representa 15% dos investimentos desses indivíduos na categoria paixão. A Sotheby's, por exemplo, vendeu US$ 88,3 milhões em vinhos finos – mais do que o dobro das vendas de 2009; somente em Hong Kong o aumento foi de 268%.

Já os investimentos em esportes representaram 8% na categoria paixão. Nesta categoria estão os investimentos em times de futebol, basquetebol e em cavalos de corrida.

Das 100 pessoas mais ricas no mundo, 32 delas estão nos E.U.A., 15 na Rússia, 7 na Índia, 6 na Alemanha. A riqueza é advinda, em 1º lugar, de telecomunicações e informática; em 2º lugar, de recursos naturais; em 3º lugar, do comércio varejista e, em 4º lugar, de finanças e investimentos. Com relação aos impostos, nos países desenvolvidos, os 10% mais ricos contribuem com cerca de um terço do total arrecadado. Na França, eles contribuem com 28% (além do imposto extra de 3% para quem tem rendas anuais acima de € 500 mil), na Alemanha, com 31%, no Reino Unido, com 39% e, nos E.U.A., a contribuição é de 45%.

A seguir, há uma tabela que apresenta o crescimento do PIB no mundo, no ano de 2011, e a previsão para 2012.

Tabela 2: Previsão do PIB dos Países Emergentes

	2012	2013*
Economias desenvolvidas	5,1	5,5
E.U.A.	2,2	1,9
Zona do Euro	-0,4	-0,1
Economias Emergentes	5,1	5,5
América Latina	3,0	3,5
Argentina	2,0	3,4
Brasil	0,9	3,4
México	4,0	3,3
Emergentes Europeus	3,0	3,6
Rússia	3,5	3,6
Turquia	2,9	4,0
Ásia/Pacífico	7,5	7,9
China	7,9	8,4
Índia	5,1	6,1
África e Oriente Médio	3,8	3,4
África do Sul	2,4	2,7
Mundo	2,3	2,4

Fonte: *Global Economic Monitor* (*estimativa).

2.2 O MERCADO DO LUXO NOS BRICS

BRICS é o acrônimo do grupo econômico de países emergentes, de influência no mercado mundial, formado originalmente pelo Brasil, Rússia, Índia e China, e pela África do Sul, que ingressou em 2011. Atualmente, esse grupo vem apresentando números muito expressivos em vendas, fazendo com que as marcas de luxo internacionais foquem esses países para desenvolverem seus produtos. A expectativa é de que esses países cresçam, em média, 25% no mercado do luxo nos próximos quatro anos.

Tabela 3: Tamanho do Mercado do Luxo nos BRICS

Países	Principais cidades	€ Bilhões em 2010	2009/2010
Brasil	São Paulo/Rio de Janeiro	1,9	+25%
Rússia	Moscou/São Petersburgo	4,7	4%
Índia	Mumbai/Nova Deli	0,8	0%
China	Xangai/Pequim/ Hangzhou/ Hong Kong	9,6	+35%

Fonte: Bain & Company.

A crise mundial provocada pelos EUA afetou bastante o mercado do luxo no mundo todo, no entanto, países como os dos BRICS, por não terem uma grandiosidade e solidez na economia como a dos países desenvolvidos, não tiveram muito a perder e saíram mais facilmente dessa crise. Portanto, a compensação mundial do mercado do luxo virá desse grupo, principalmente, e da sua classe média que cresceu e ganhou uma enorme importância dentro desses países, em um processo de inclusão social.

Atualmente, os BRICS têm entre 16% e 18%, quase um quinto do mercado do luxo mundial, com previsão de atingirem uma fatia de 33%, um terço, em 2017, com uma taxa de crescimento anual de 30%. Além disso, em 2015, esse grupo de países terá o maior número de consumidores do luxo no mundo. Os BRICS representam, atualmente, 30% do faturamento mundial da Louis Vuitton.

Tabela 4: Crescimento nos próximos 4 anos

Brasil	35%
China	30%
Índia	25%
Rússia	20%

Fonte: Bain & Company.

Como se pode notar nas tabelas acima, o carro-chefe desse grupo é a China, o principal e mais importante cenário para os próximos anos; e, se isso se mantiver como no ritmo atual, nos próximos cinco anos eles liderarão esse mercado, sendo que metade do seu consumo ocorre nos mercados americano e japonês.

Analisando-se a trajetória da China, é quase certo que essa previsão se confirme. Em 2005, era a quinta economia do mundo; em 2007, ultrapassou a França e a Alemanha e, em 2010, o Japão, tornando-se a segunda economia mundial, com possibilidade de chegar ao topo, ultrapassando os Estados Unidos, em 2025.

Então, afinal, quem é esse gigante? A China tem uma população de 1,34 bilhão de pessoas (45,68% em áreas urbanas e 54,32% em áreas rurais). É um país dinâmico, em constante evolução, que possui uma forte cultura do dinheiro, e tem uma expectativa de vida (2011) de 74 anos – sendo que 36,3% da população vivem com menos de US$ 2 por dia. Já está há 25 anos com uma economia acelerada, crescendo 10% ao ano. E, com esse crescimento repercutindo na qualidade de vida, há cada vez mais consumidores chineses à procura de artigos de luxo, em busca de *status* social. Para se ter uma ideia, eles consomem desde carros à moda, e de cigarros a relógios, desde Paris até Nova York.

A China, por possuir a maior população do mundo, tem a seu favor uma população jovem, mão de obra barata e potencial para exportação. Eles já possuem uma variedade grande de produtos e uma diversidade nos canais de distribuição, e de preços competitivos. Entretanto, há alguns problemas que precisam ser resolvidos, como: a alta desigualdade social, um compromisso ambiental e uma política de combate à falsificação, pois, hoje, eles representam o maior mercado de produtos falsificados no mundo.

Já o outro país desse grupo, a Índia, é um país energético, jovem, alfabetizado, com uma cultura tradicionalista baseada em uma sociedade de castas, dinâmica de estilo. Eles têm riqueza suficiente para o luxo, consumindo os seus produtos em butiques de luxo ou em *shoppings*, além da cultura bem desenvolvida de comprar pela internet. Eles ainda estão desenvolvendo uma infraestrutura voltada para o varejo. A falsificação na Índia era tolerada, o que vem mudando com atitudes governamentais de combate à pirataria.

A Rússia tem uma característica interessante do ponto de vista dos produtos de luxo, pois estes apresentam um equilíbrio entre a tradição e a riqueza. Um problema para esses produtos é a sua distribuição, que ainda é limitada. Quanto aos serviços de luxo, há um aumento nesse consumo. Já os seus consumidores, que são ricos, impulsivos, ousados, apaixonados e espirituosos, estão mudando suas atitudes. Eles possuem uma cultura forte de *glamour*.

Além desses dados políticos e culturais dos países dos BRICS, há alguns índices do mercado do luxo nesse bloco, como:

China
- A estimativa é de um faturamento de US$ 328 bilhões em 2025, ou seja, 33% do mercado do luxo no mundo;
- 562 mil é o número de chineses milionários, isto é, com um patrimônio de mais de US$ 1 milhão para investir, cerca de 12% a mais que em 2009, por exemplo;
- Há um potencial para 3.500 lojas de luxo nos próximos 15 anos.

Índia

- A estimativa é de um faturamento de US$ 67,2 bilhões em 2025, ou seja, 7% do mercado do luxo no mundo – em 2010 era 1%;
- 153 mil é o número de indianos milionários, sendo que, entre 2009 e 2010, por exemplo, o crescimento desse número foi de 21%;
- Até 2020, 400 milhões de pessoas formarão a classe média, um número quatro vezes superior que o atual;
- Entre 2006 e 2010, foram inaugurados 600 *shoppings*.

Rússia

- A estimativa é de um faturamento de US$ 67,2 bilhões em 2025, ou seja, 7% do mercado do luxo no mundo – em 2010, a participação era de 4%;
- 134 mil é o número de russos milionários, sendo que entre 2009 e 2010, por exemplo, o crescimento desse número foi de 14%;
- O país caiu da segunda, para a décima colocação, como o mercado mais atraente para o varejo em 2010. As causas estão na lenta recuperação pós-crise de 2008 e a saturação do mercado.

Brasil

- A estimativa é de um faturamento de US$ 48 bilhões em 2025, ou seja, 5% do mercado do luxo no mundo – em 2010 sua fatia era de 1%;
- 165 mil é o número de brasileiros milionários;
- 34 milhões de pessoas migraram para as classes A, B e C entre 2003 e 2008, e, até 2015, a estimativa é de que mais 30 milhões migrem para essas classes econômicas;
- 45% dos consumidores ganham mais de R$ 10 mil/mês e R$ 4.710,00 é o gasto médio do brasileiro, sendo que 58% dos consumidores do luxo são mulheres.

O Brasil será a potência emergente do futuro. Dentre os BRICS, é o que apresenta os maiores indícios de um futuro promissor, com a recente descoberta de uma das maiores reservas oceânicas de petróleo do mundo, o pré-sal, e a sua escolha para sediar a Copa do Mundo de 2014 e a Olimpíada em 2016 – acontecimentos que farão o país melhorar a sua infraestrutura, para se adequar aos eventos, além de promover o país no exterior.

Outro dado importante, para se ficar de olho no Brasil, é o da expectativa de que, em 2017, este será o país emergente com o maior número de contas bancárias superiores a US$ 1 milhão, chegando a 675 mil milionários, contra 508 mil da Rússia, 411 mil da Índia e 409 mil da China. Isso significa que a cada mil brasileiros, três terão a chance de se tornarem milionários (hoje a projeção é de um para um grupo de mil pessoas).

Apesar dos dados animadores, as atuais taxas de crescimento do país estão bem abaixo das dos outros países dos BRICS, como a China. No entanto, a qualidade do crescimento brasileiro é indiscutivelmente melhor do que a da China, em vários aspectos: melhor tratamento do meio ambiente e no trabalho, além da melhoria na desigualdade econômica. Entretanto, ainda há barreiras a serem enfrentadas, como o fraco sistema de ensino e as baixas taxas de poupança.

O que preserva os dados animadores apresentados, de um crescimento sustentável para o Brasil, é o percentual de endividamento em hipotecas imobiliárias, que é de 3%, em comparação aos 12% nos demais países dos BRICS, contra, em média, 64% nos países europeus. Além disso, temos o fato de vivermos uma democracia – diferentemente da China –, de não termos movimentos armados (conflitos étnicos ou religiosos) ou vizinhos hostis – diferentemente da Índia –, e de importarmos mais petróleo que armas, além de respeitarmos os investidores estrangeiros – diferentemente da Rússia.

2.3 O MERCADO DO LUXO NA AMÉRICA LATINA

A capital do consumo de luxo na América Latina é o Brasil, com um crescimento de 35% nos últimos sete anos, representando 3% do PIB no país, com destaque para a cidade de São Paulo – que deixou para trás a Argentina, com a relevância de Buenos Aires, e a atual força do México. Isso foi calcado na importância que teve o crescimento da classe média no país. Aliás, São Paulo aparece na 11ª posição entre as cidades que são consideradas líderes e influentes nos próximos 10 anos, segundo uma pesquisa feita pela agência McCann Worldgroup; Nova York ocupa a 4ª posição e Londres a 5ª.

Segundo o relatório *World Wealth Report 2011*, a América Latina possui 500 mil pessoas com mais de US$ 1 milhão para investir (tirando desse cálculo a residência), sendo 82% de homens, contra apenas 18% de mulheres. A riqueza nessa região é de US$ 7,3 trilhões, um aumento de 9,2% se comparado com 2009. O Brasil é o primeiro da lista em relação ao número de bilionários, com 36 deles; em seguida vêm o México, Chile, Colômbia e a Argentina.

Fazendo uma radiografia da América Latina, a Colômbia aparece como um dos países em surpreendente expansão. Depois do Brasil e do México, o país é o terceiro mercado latino-americano em crescimento para a italiana Salvatore Ferragamo, por exemplo. Já na gastronomia, os peruanos invadiram a América Latina. As marcas de luxo, no entanto, querem entrar no país, mas, apesar do potencial de consumo dos peruanos, não encontram *shoppings* ou ruas apropriadas para se estabelecerem. Colombianos e peruanos são consumidores importantes na região, que conta atualmente com um dos mais imponentes *shoppings* da América Latina, o Multiplaza Mall.

No caso do Chile, há um crescimento contínuo, mas a dimensão pequena do país faz com que qualquer incremento expressivo ainda dê um resultado pequeno. A Argentina, por sua vez, perde espaço entre as marcas de luxo. Buenos Aires já foi considerada a capital do luxo na América Latina, chegando a ter uma filial da Harrods nos tempos áureos. O mesmo aconteceu com a Venezuela: o país já foi um dos maiores consumidores de Veuve Clicquot e Johnnie Walker na América do Sul. A Louis Vuitton chegou a fechar a operação na Venezuela, e algumas marcas hoteleiras saíram do país, devido ao decreto do presidente Hugo Chávez determinando que um andar em cada hotel seria destinado às pessoas sem renda, além da estatização do hotel Hilton. Essas atitudes foram prejudiciais para os venezuelanos, que se viram obrigados a comprar artigos de luxo fora do seu país. Apesar desses pontos fracos, o aeroporto de Caracas conta com um Duty Free melhor do que o do aeroporto de Guarulhos, ou do Galeão, no Brasil.

Em 2010, a BMW bateu recordes de vendas na América Latina e Caribe, com 22,2 mil veículos BMW e Mini (compacto de luxo) comercializados. Esse resultado representou um crescimento de 51% em relação ao ano anterior. Os países que se destacaram com melhor desempenho foram: Chile (102% de crescimento nas vendas), Argentina (57%), Brasil (55%) e Colômbia (26%).

Conforme dados da pesquisa realizada pelo IBOPE com os níveis mais altos das populações brasileiras, mexicanas, colombianas e argentinas, o perfil do consumidor latino-americano tem: idade média de 38 anos, formação universitária ou superior, ocupa posições de destaque no trabalho e é influenciador nas decisões de compra, de amigos e familiares. Esses consumidores redimensionam o potencial desse mercado na região, já que mais de 80% dos consumidores de alto padrão possuem cartão de crédito (em média 2,5 unidades), e gastam com eles uma média mensal de US$ 850; 72% têm cartões de crédito associados a programas de recompensa que são importantes para esse grupo. Além disso, 73% da população de alto poder de compra da América Latina realizaram cerca de três viagens de negócios num prazo de 12 meses. Ao mesmo tempo, 82% viajaram a passeio e realizaram duas viagens no mesmo período. O valor gasto, em média, nas últimas férias, por pessoa, foi de mais de US$ 1.847. Entretanto, 52% desses consumidores de elite que viajam e possuem cartão de crédito, não estão vinculados a programas de milhagens, o que representa uma boa oportunidade de investimento.

É importante se conhecer o grupo consumidor dessa região, que é formado por um público exigente, bem informado e concorrido – é essencial que as marcas explorem o conceito de comunicação 360 graus para se posicionarem em relação a esse segmento. Contudo, devem-se observar as diferenças nessa região: o Brasil, por exemplo, é o local onde mais se compram produtos locais, pois temos características mais nacionalistas; já 76% dos mexicanos e 73% dos colombianos se destacam por acreditarem que precisam ganhar crescente perspectiva internacional nos seus negócios.

Um dado curioso sobre esse público se refere à internet, onde 85% afirmam que confiam na rede como fonte de informações, e 91% dos pesquisados, frequentemente, usam a internet para procurar referências sobre produtos antes de comprá-los. Para 82% dos brasileiros é conveniente consumir *online*, opinião diferente dos argentinos, colombianos e mexicanos, já que menos da metade deles concordam com essa percepção.

Esse consumidor valoriza muito mais a qualidade que a média da população, e cerca de 80% estão dispostos a pagar mais por produtos que identificam como de qualidade superior. Além disso, ele é extremamente leal às marcas. No Brasil, o índice de lealdade ultrapassa 90%, e na Argentina atinge 86%. Apenas a Colômbia possui porcentagem bem menor (55%), mas, mesmo assim, representa mais da metade desta população.

É importante ressaltar a importância da mídia no consumo desses produtos, afinal, 81% deles acreditam que a revista é o meio mais adequado para os anúncios sobre viagens e 72% consideram que a televisão a cabo é o meio mais adequado para se fazer anúncios de cartão de crédito. Na verdade, eles valorizam os meios de comunicação tradicionais e *online*, que deveriam ser combinados para atrair esse público.

Por fim, metade dos brasileiros apontam o aparelho *Smartphone* (Iphone *e* Blackberry) como objeto de desejo e pretendem comprá-lo nos próximos 12 meses. Entretanto, no momento do consumo, há diferenças quanto ao gênero desses consumidores: 76% das mulheres comprariam produtos para o cuidado com a pele, 50% optariam por um computador e 45% por roupas de grife.

Já para o consumidor masculino: 57% comprariam telefone celular, 54% computadores, 49% perfumes e 41% roupas de grife, entre os mais mencionados. Quando o tema é beleza, 50% dos homens adquiriram produtos para o cuidado com a pele, para consumo próprio.

CAPÍTULO III
UMA VISÃO DO MERCADO DO LUXO NO BRASIL

Após uma visão estruturada do mercado do luxo no mundo, seguiremos para os meandros do comportamento desse segmento no Brasil, com o objetivo de mostrar como ele é e em que fase esse mercado se encontra – avaliando a importância dele para a economia do país, verificando onde ele está situado, acompanhando como as empresas estão atuando nessa área – e, com isso, entender a lucratividade desse comércio através de uma visão dos principais segmentos do luxo no Brasil e, por fim, descobrir quem são as empresas do luxo que atuam no país.

A fase brasileira em que esse mercado se encontra está atraindo grandes empresas do segmento do luxo que, por sua vez e como um ciclo, aceleram o crescimento desse mercado. Com a crise internacional, as grandes operações de luxo se voltam para o Brasil, que tem conquistado expressivos números de crescimento e tem uma estimativa, para os próximos quatro anos, de um aumento de 35% ao ano nas vendas.

Em 2011, algumas marcas de prestígio chegaram ao Brasil, entre elas, Bottega Veneta que em 2012 inaugurou mais uma *boutique* em São Paulo. A Prada (demorou, mas chegou com classe, em um espaço de 300 m^2 e já expandiu para o Rio de Janeiro). Fendi, Alexandre de Paris, Canali, entre outras aterrisaram no país com planos audaciosos de expansão.

Em 2012, aconteceu a tão esperada e problemática inauguração do JK Iguatemi, que tem marcas de referência como: Goyard, Chanel (que, no seu processo de expansão, irá abrir mais 5 *boutiques* nos próximos anos), Lanvin, Gucci (com a sua primeira loja exclusivamente masculina do mundo; também inaugurou *boutiques* no Rio de Janeiro, Brasília e no *shopping* Cidade Jardim, totalizando 4 *boutiques* em 2012), Balenciaga, Ladurée, Dolce & Gabbana, Sephora (sua primeira *boutique* no Brasil, havendo filas no primeiro mês apenas para entrar na *boutique*). A Sephora tem um plano de expansão de abrir 40 *boutiques* no Brasil, Daslu (que inaugurou no final de 2011 uma loja no Rio e, em fevereiro de 2012, uma nova loja no Cidade Jardim, já chegou em Brasilia e Ribeirão Preto, irá inaugurar em Recife ainda em 2013), Tory Burch, Burberry (também chegou no Village Mall), Yves Saint Laurent, Issa London, Miu Miu, além da primeira sala de cinema 4D do país (ampliando a experiência cinematográfica 3D com sensações que vão de cadeiras que se movimentam, borrifos de água, máquinas de vento, névoa e aromas). O *shopping* Cidade Jardim finalizou sua segunda expansão, para receber: Balmain, Tag Heuer, Cartier e Louis Vuitton (em uma *boutique* conceito de 1200 m^2).

Muitas marcas internacionais chegarão ao Brasil ainda em 2013.

Enfim, ainda há boas oportunidades em alguns segmentos importantes do luxo, como o automotivo, que recebeu altos investimentos nos últimos anos e, hoje, tem grande relevância no mercado. Já em outros setores, nos quais o Brasil não possui tradição, como o náutico, por exemplo, há excelentes oportunidades devido à baixa concorrência.

Até o presente momento, o mercado do luxo no Brasil ainda não foi mensurado, ou seja, existem pesquisas e estimativas, mas que não são unânimes nos números. A GFK/MCF é bem positiva nas cifras do mercado brasileiro, mas a Bain Consulting, que dedicou ao Brasil uma página inteira em seu último relatório, fala em números que são a metade dos apresentados pela GFK/MCF. Quem está certo ou errado? O grupo LVMH, junto com uma empresa de auditoria, está mapeando e medindo o mercado brasileiro. Quando esses números forem divulgados, teremos a real certeza do tamanho desse comércio. O certo é que o segmento do luxo no Brasil ainda é um adolescente e tem um potencial enorme de crescimento.

3.1 O MERCADO DO LUXO NO BRASIL

O mercado do luxo no Brasil está vivendo um momento áureo, com a estabilidade econômica tornando o país atrativo para os investidores. Há três décadas que o crescimento econômico brasileiro é sólido e equilibrado: o Brasil ultrapassou a Inglaterra no final de 2011 e tornou-se a sexta maior economia do mundo.

Essa solidez na economia se desenvolveu com base no forte crescimento de alguns municípios situados, principalmente, no sudeste. Eles representam os 56 principais municípios que formam o grupo dos mais ricos, com 47% do Produto Interno Bruto (PIB), contrastando com os 2.226 municípios que formam o grupo dos mais pobres, com 4,7% do PIB.

A atual estrutura da população brasileira é um privilégio que não irá se repetir (é um acontecimento singular na história de um país). Pela primeira e única vez em sua história, o Brasil acaba de entrar para o período do "bônus demográfico". Um momento especialmente favorável: o número de pessoas economicamente ativas supera largamente a de dependentes, formada por idosos e crianças. Essa condição é propícia ao desenvolvimento da economia, pois a população funciona como um impulsionador do crescimento social e econômico. O país chegou ao bônus demográfico porque houve uma forte queda na taxa de natalidade a partir do final da década de 1970, enquanto a taxa de mortalidade caiu mais lentamente. Isso fez com que a soma de idosos e crianças ficasse menor do que a população na ativa.

No mapa das cidades consumidoras de luxo, há São Paulo com 70% desse mercado, depois vem o Rio de Janeiro com menos da metade desse consumo, mas com mais personalidade para consumir, e em terceiro lugar vem Brasília, com uma mentalidade mais antiga sobre esse mercado, ainda consumindo mais por ostentação do que por personalidade.

A concentração, não só desse mercado mas da riqueza na cidade de São Paulo, é fácil de ser explicada: há inúmeras multinacionais que geram grandes oportunidades de trabalho; a cidade abriga ótimas universidades e os melhores hospitais do país, e, consequentemente, oferece uma excelente qualidade de vida para os seus cidadãos. Além disso, dos US$ 66 bilhões que o Brasil recebeu em 2011 de investimento estrangeiro, São Paulo ficou com 40% do investimento direto.

Apesar dessa concentração de riqueza, que é uma desvantagem para o país, o BNDES – baseado nos projetos em andamento e intenções de investimento da indústria, do setor de infraestrutura e em projetos de edificações com a construção de moradias e a infraestrutura urbana e esportiva para a Copa de 2014 e os jogos Olímpicos de 2016 – estima que R$ 1,324 trilhão serão investidos no país entre 2010 e 2013, o que representa um aumento de 54,6% se comparado com o investimento acumulado entre 2005 e 2008, que chegou a R$ 856 bilhões.

Esses investimentos visam atender as necessidades de consumo dos brasileiros e também aos gastos futuros dos turistas, que serão muitos na época dos eventos da Copa do Mundo e da Olimpíada, mas não só nesse período, como também após esses acontecimentos. Entretanto, há que se destacar o processo de consumo interno pelo qual o Brasil passa: são compras buscando produtos de qualidade, já que o consumidor brasileiro é globalizado, antenado e tem a característica de "ver e ser visto"; por isso, é preciso conhecer bem as aspirações do consumidor porque ele não vai comprar qualquer coisa.

O consumo de produtos de luxo é importante porque ele vai além de uma simples compra, ele abre as portas para o país entrar num seleto grupo desse mercado, embora ainda haja muito o que se fazer para que ele chegue ao patamar da Europa e Estados Unidos. Ao analisarmos o faturamento desse mercado nos últimos 5 anos (GFK/MCF), percebe-se o crescimento desse comércio: em 2007 o faturamento foi de R$ 9,9 bilhões; em 2008 foi de R$ 11,1 bilhões, um aumento de 12%; em 2009 foi de R$ 12,3 bilhões, um aumento de 12%; em 2010 foi de R$ 15,7 bilhões, um aumento de 28%; em 2011 foi de R$ 18,54 bilhões, um salto de 18%; e em 2012 R$ 20,1 bilhões, um crescimento de 8% para 2013 as expectativas são favoráveis. Pelos dados apresentados, fica evidente que ainda há muitas oportunidades de se fazer negócio nesse mercado do luxo no país. Calcula-se que foram investidos R$ 2 bilhões em abertura de novas lojas em 2012.

O Brasil já percebeu que não dá para chamar, economicamente, esse segmento de supérfluo, já que ele tem contribuído como uma fonte econômica, gerando empregos e renda, tanto no seu comércio quanto na sua manufatura. Afinal, as marcas de luxo exigem uma mão de obra qualificada para o uso criativo do *marketing* e uma renovação contínua, sem contradizer a essência da marca. Além disso, esse universo propicia a experimentação de novas tecnologias, o que, no início, é de alto custo e de reduzida escala de produção.

Enfim, o Brasil apresenta um crescimento invejável da economia e, como se viu, o mercado do luxo vem aumentando exponencialmente nos últimos anos. Há excelentes oportunidades no futuro, afinal de contas as marcas que ainda não estão aqui, com certeza estão em negociação para entrar no Brasil para, somadas às outras empresas, atenderem 20 milhões de pessoas consumidoras desse segmento.

Os conglomerados de luxo encontram grande dificuldade para alocarem suas grifes no Brasil, pois, quando finalmente resolvem vir para o Brasil, não têm espaço para abrigarem sua marca. Imagine que uma marca tenha batido o martelo e queira abrir uma *boutique* no Brasil: lógico que ela irá começar por São Paulo, pois é a porta de entrada do mercado do luxo no país. A rua Oscar Freire seria uma opção, se tivesse imóveis disponíveis, então, segue-se para o *shopping* Iguatemi, que, simplesmente, não tem espaço, ou para o *shopping* Cidade Jardim, que antecipou sua expansão para atender as marcas que estão chegando. O JK Iguatemi, por exemplo, já está todo vendido. Devido a isso, algumas marcas resolvem ir para outros *shoppings* que, apesar de não serem considerados de luxo, são uma opção para a falta de espaço, como o Pátio Higienópolis, que tem em seu *mix* de lojas a Burberry, Carolina Herrera e Carlos Miele.

No Rio de Janeiro o problema é pior, já que, por muitos anos, só havia o Fashion Mall, que não tem uma localização privilegiada por estar próximo da favela da Rocinha (hoje, com a pacificação da Rocinha, a situação mudou, mas o *shopping* continua sem o *glamour* de um shopping de luxo). O *shopping* Leblon, inaugurado em 2006, é mais uma opção, mas ainda sem o apelo de um *shopping* de luxo. O Village Mall inaugurou em dezembro de 2012 e está revolucionando o mercado do luxo no Rio de Janeiro. Tem tudo para ser um sucesso e o endereço do luxo no Rio. Em Brasília, ou se está no Iguatemi ou na Magrella, apesar de a Daslu ter decidido abrir uma loja no Park Shopping, que não é considerado um shopping de luxo. O Iguatemi Brasilia pecou ao escolher a sua localização.

O Brasil não é um país de lojas de departamentos, em que as marcas de luxo montam um espaço (um *corner*), e só após testarem o mercado é que decidem abrir seu ponto. O Brasil é um país de *shopping centers* que trabalham com lojas. A Daslu, que poderia oferecer essa opção, sofreu um revés enorme. Conclusão: quem decidir abrir uma loja no país, levará de um ano a um ano e meio para negociar um espaço nos *shoppings centers*.

O mercado do luxo no Brasil é bem peculiar e não dá para ser comparado com o dos outros países. O mercado do luxo nos Estados Unidos atende aos americanos, mexicanos, brasileiros, chineses, japoneses e europeus. Já na Europa, é voltado aos europeus, chineses, japoneses, brasileiros e americanos. E na Ásia, atende aos chineses, japoneses, europeus, e americanos.

No caso do Brasil, o mercado do luxo atende somente aos brasileiros. Americanos, europeus, chineses e japoneses não compram aqui, já que os produtos são muitos caros, pois as taxas de importação são muito altas. Essa é a década do Brasil, do mercado do luxo no país, a década do Rio de Janeiro e, acima de tudo, a década da mulher.

3.2 OS PRINCIPAIS SEGMENTOS DO LUXO NO BRASIL

O perfil das empresas de luxo no Brasil está distribuído da seguinte forma: 61% estão no varejo, 24% em serviços e 15% na produção (indústria). Ao se considerarem as empresas nacionais, o número difere pouco, já que 53% estão no varejo, 32% em serviços e 15% na produção (indústria); e nas empresas internacionais há 70% no varejo, 15% em serviços e 14% na produção (indústria). Isso quer dizer que esse mercado está fortemente concentrado no varejo, que ainda há muitas oportunidades, mas nas outras áreas há muito o que se investir já que esse mercado é pouco explorado.

Na análise das marcas, há, segundo pesquisa da GFK/MCF com empresas desse mercado, como *benchmark* nacional: H. Stern com 18%, Fasano com 10%, Osklen com 8% e Daslu com

3%. Já como *benchmark* internacional há: Louis Vuitton com 14%, Giorgio Armani com 8%, Hermès e Chanel com 3% cada e Marc Jacobs com 1%.

Avaliando os resultados da pesquisa da GFK/MCF, que foi obtida através das preferências do consumidor (que pôde escolher mais de um segmento), percebe-se que a atuação das empresas brasileiras é mais uniforme, variando de 10% a 20% na maioria dos segmentos, puxado pela gastronomia, moda e calçados, que representam, juntos, 51% desse mercado. Na outra ponta, com uma fraca atuação, está o setor de automóveis, relojoaria e cosméticos, representando 12% desse mercado. Nas empresas internacionais, há uma concentração maior em alguns setores, como moda, confecção/vestuário e calçados, que representam, juntos, 84% desse mercado. Na outra ponta está o setor mobiliário, bebidas alcoólicas e gastronomia, representando 12% desse mercado.

Dentre os produtos consumidos, o principal segmento é o de acessórios, principalmente bolsas e óculos. Isso, talvez, se deva ao fato de que a maioria dos brasileiros não quer adquirir uma bolsa de R$ 20 mil, mas não se importa de comprar um chaveiro de R$ 500,00.

A área de beleza (cosméticos e *spas*) obteve um bom crescimento, mas os segmentos que merecem destaque, devido o seu crescimento, são os de automóveis e o imobiliário, sendo que este último, por exemplo, colocou o Rio de Janeiro como a terceira cidade com o metro quadrado mais caro do mundo.

Por fim, vale apresentar, segundo o mercado consumidor, como os setores do luxo estão distribuídos:

- **Luxos para casa**
  Antiguidades, arte, eletrônicos, tecidos, móveis e objetos de decoração, utilidades domésticas, materiais de construção, roupas de cama e banho, louças e talheres.

- **Luxos pessoais**

  Automóveis de luxo, produtos de beleza, cosméticos, fragrâncias, roupas e acessórios de moda, joias e relógios.

- **Luxos experienciais**

  Viagens, gastronomia e restaurantes, entretenimento (teatro, shows e concertos), *spas*, serviços de massagem, serviços de luxo para a casa (limpeza e organização, decoração, paisagismo e jardinagem).

3.2.1 AVIAÇÃO

O Brasil, segundo uma pesquisa da Associação Brasileira de Aviação Geral (ABAG), possui a segunda maior frota de aviação geral do mundo, com 12.505 aviões e 1.325 helicópteros. Dentro deste segmento, encontra-se o mercado de aviação executiva, o qual vem apresentando um expressivo crescimento, com a atual frota de 1.650 aeronaves, das quais 650 são helicópteros, 350 são jatos e 650 são turboélices, sendo que a cidade de São Paulo, principal centro econômico do país, concentra 35% (577 aeronaves) de toda essa frota executiva.

O Brasil é o país que possui o maior mercado no segmento de aviação executiva na América Latina, estando à frente de países como México, Venezuela, Argentina, Colômbia e Chile. Entre os fatores que impulsionam a expansão da frota no país, destacam-se: o crescimento da economia brasileira; a valorização da moeda nacional, facilitando a importação; a descentralização da atividade econômica no País, que gera maior fluxo de tráfego aéreo; e a internacionalização das empresas brasileiras, como a Ambev.

Um outro dado importante para a aviação é o fato de o país possuir, segundo a IHST (*International Helicopter Safety Team*), 4% de todos os helicópteros do mundo. Nos últimos dez anos, a frota de helicópteros do Brasil cresceu 58,6%, um ritmo três vezes maior do que a frota de aeronaves em geral, que aumentou 18,7%. Dos 1.325 helicópteros civis em todo o Brasil, 541 estão no Estado de São Paulo, o estado com maior número de aeronaves no Brasil; em seguida, vem o Estado do Rio de Janeiro, que possui 285 helicópteros cadastrados, e o Estado de Minas Gerais com 139, sendo quase a sua totalidade registrada na cidade de Belo Horizonte, onde estão 124 aeronaves.

A cidade de São Paulo se destaca no mundo quando se fala em helicópteros, já que concentra a maior frota do planeta, com 452 helicópteros, superando a segunda colocada, Nova York, que possuí 445 helicópteros. Atualmente, a capital paulista é a única cidade do mundo que possui um controle de tráfego aéreo exclusivo para helicópteros. Além disso, a cidade de São Paulo possui 242 helipontos, o que representa 57% dos 473 helipontos do Estado de São Paulo, sendo que o bairro da Vila Olímpia, curiosamente, possui mais helipontos do que pontos de ônibus.

3.2.2 CONSTRUÇÃO CIVIL

Esse segmento, apesar de estar em alta no Brasil, é um nicho ainda pequeno, mas que oferece grandes oportunidades de investimentos e expansão. Esse setor responde por 4% do PIB nacional, sendo um número inferior aos 25 a 30% dos países latino-americanos. Mas esse mercado vem se expandindo no país, com um aumento na demanda no Rio de Janeiro e em São Paulo e um forte crescimento em outras capitais, impulsionado pela facilidade do crédito imobiliário, ascensão da classe média e o "fator Copa do Mundo", que acaba elevando os preços e gerando uma supervalorização.

No Rio de Janeiro, os preços dos imóveis de alto padrão aumentaram aproximadamente 200% nos últimos cinco anos. Em Ipanema, um apartamento na avenida Vieira Souto, de frente para o mar, tem o m^2 avaliado em R$ 40 mil, podendo chegar a R$ 51 mil, de acordo com o Secovi-Rio.

A Sotheby's International Realty estima investir R$ 4 bilhões nos próximos 3 anos. Segundo a Afire (Associação de Investidores Estrangeiros no Setor Imobiliário), em 2012 o Brasil passou a ser o segundo melhor mercado imobiliário do mundo para os investidores estrangeiros, superando a China na lista de preferências.

Dentre as construtoras de alto padrão, estão a JHSF e a Sercon Brasil. Dentre as imobiliárias, estão a Lopes Prime, Fernandez Mera, Elite Brasil e Bamberg.

3.2.3 GASTRONOMIA

O setor gastronômico está muito bem e com perspectivas de boa evolução, já que há muitos anos se observa o importante crescimento da culinária brasileira, que alcançou um alto patamar de prestígio, qualidade e luxo. O elevado nível de desenvolvimento desse setor leva até mesmo a uma muralha, que dificulta a instalação de grandes redes internacionais no país, provocando o fenômeno da internacionalização dos restaurantes brasileiros, como o que ocorreu com a rede Fasano, que já tem operações em Punta del Este.

Hoje, quando se fala em luxo na gastronomia brasileira, quase não há mais cozinheiros estrangeiros que fizeram carreira no Brasil. Esse era o histórico há alguns anos, mas uma nova safra de jovens chefes redesenha a gastronomia brasileira, com ingredientes tipicamente brasileiros – como Alex Atala e seu D.O.M., classificado como o quarto melhor restaurante do mundo pela revista britância *Restaurant Magazine*.

Uma peculiaridade desse segmento que contribuiu para o sucesso desse ramo é o alto grau de qualificação da demanda, com consumidores que, cada vez mais, são conhecedores de determinadas comidas e iguarias, sendo menos movidos pelo "efeito demonstração e imitação". Esse é o modelo ideal de mercado do luxo, já que esse conhecimento dos clientes gera uma demanda significativamente mais sustentada e menos vulnerável às oscilações da política econômica.

3.2.4 HOTELARIA

Esse segmento ainda tem pouca concorrência e precisa melhorar muito para atingir os padrões internacionais, principalmente, para atender a demanda da Copa do Mundo e da Olimpíada. Um dos obstáculos desse setor é a atratividade da mão de obra, já que os salários são baixos, fazendo com que a rotatividade de funcionários seja alta.

Algumas marcas de destaque são: Emiliano, Fasano e Unique, que competem com as grandes redes internacionais. Vale ressaltar que nomes internacionais de referência, como Mandarim Oriental e Ritz Carlton, ainda não estão presentes no Brasil.

Alguns estados brasileiros se destacam nesse ramo, como é o caso da Bahia, com os paradisíacos Txai, Fazenda São Francisco, Etnia e Kiaroa, além do histórico Pestana Convento do Carmo e o novíssimo Zank, com foco no *design* nacional em sua decoração. Em Santa Catarina há o premiado Ponta dos Ganchos, com serviço tão esmerado que disponibiliza três funcionários para atenderem cada bangalô, colocando a pequena cidade de Governador Celso Ramos (a 240 km de Florianópolis) no mapa do luxo brasileiro. São Paulo conta com os hotéis Fasano, Unique, Tivoli Mofarrej e Emiliano. O Rio de Janeiro abriga o clássico Fasano (único projeto brasileiro do designer francês Philippe Starck), o Copacabana Palace e o Glória Palace Hotel, do Eike Batista, que está sendo todo reformado e sua inauguração é muito aguardada.

Aliás, nesse segmento, o Copacabana Palace é um dos precur- sores no mercado do luxo no Brasil, tendo hospedado reis, rai- nhas, presidentes e várias personalidades do mundo inteiro. O "Copa", como é carinhosamente chamado pelos seus hóspedes e admiradores, é uma referência de hotel de luxo, sendo citado como exemplo em vários países do mundo. O Copacabana Palace passou por uma grande reforma, talvez a maior desde a sua abertura, foi reinaugurado no final de 2012.

O Windsor Palace ficou dois anos fechado para reformas e só ficou pronto em abril de 2013, apesar de desde 2012 estar recebendo hóspedes.

3.2.5 JOALHERIA E RELOJOARIA

Esses segmentos atendem a clientes exigentes, que, quando entram na loja, já sabem o que querem comprar; o preço não é tão relevante quanto a busca por uma experiência particular. O Brasil ocupa a 14ª posição em consumidores de joias no mundo, além de ocupar a 13ª posição de produtores de ouro bruto e a 14ª posição entre países produtores de joias em ouro, com 23 toneladas, um crescimento de 11% sobre 2009.

A H. Stern, uma empresa genuinamente brasileira, foi uma das primeiras companhias a surgirem no mercado do luxo no Brasil, tornando-se o orgulho desse segmento no país. As marcas presentes nesse setor são: Bvlgari, Cartier, H. Stern, Tiffany e Van Cleef & Arpels.

3.2.6 MODA E ACESSÓRIOS

Esse segmento é a menina dos olhos do mercado do luxo no país. O setor foi impulsionado pela valorização do real e a consequente desvalorização do dólar, associado à cultura de compra parcelada, fazendo com que os brasileiros optassem pela compra no Brasil em vez de Nova York ou Miami, por exemplo. Além disso, os homens, que estão mais vaidosos e gostam de estar bem vestidos, estão comprando suas próprias roupas e acessórios – atividade que, no passado, era efetuada pelas esposas.

São Paulo é a quinta capital da moda no mundo, atrás apenas de Paris, Londres, Nova York e Milão. Dentre as marcas de destaque internacional nesse mercado há: as francesas Chanel, Dior, Hermès e Louis Vuitton; as italianas Armani, Dolce & Gabbana, Ermenegildo Zegna, Versace e Gucci; as norte-americanas Carolina Herrera e Tommy Hilfiger; as inglesas Burberry, Aquascutum, Paul Smith, Dunhill e Vivienne Westwood, e a alemã Hugo Boss. E dentre as marcas nacionais que estão no mesmo nível das estrangeiras, temos: Daslu, Osklen, Ricardo Almeida, Alexandre Herchcovitch, Carlos Miele, Cris Barros, Gloria Coelho, Reinaldo Lourenço, Adriana Barra, e as multimarcas NK Store, Magrella, Conte Freire e Dona Santa.

3.2.7 NÁUTICO

No restrito mercado de vendas de iates de luxo, o Brasil representa aproximadamente 1,5% do consumo mundial. A Itália é a maior produtora de iates de luxo do mundo, em segundo lugar estão os Estados Unidos, depois vem a Holanda, o Reino Unido e a Alemanha ocupando terceiro, quarto e quinto lugares, respectivamente. Para se considerar um iate como sendo de luxo, existe uma referência de preço, sendo que o valor de um, dificilmente, custa menos do que R\$ 1 milhão.

Esse segmento no Brasil, se comparado com os demais, é um dos que tem menos tradição no mercado mundial e, por isso, ainda não desenvolveu todo o seu potencial. Para se ter uma ideia, a estimativa, segundo a companhia dos portos, é de que a frota náutica total, incluindo grandes iates, barcos, lanchas, botes infláveis, entre outros, seja de 650 mil unidades, enquanto que os Estados Unidos, que são considerados o maior mercado do mundo, só com a comercialização, negociam cerca de um milhão de unidades de iates ao ano. Mas isso está mudando, em razão da valorização do real e da crise na economia global, que ainda tem seus efeitos nas economias desenvolvidas, contribuindo, de certa forma, para que o Brasil seja um porto seguro para esse segmento.

Um dado animador para esse mercado iniciante, é a venda de mais de 14 mil unidades de barcos a cada ano e, curiosamente, São Paulo, com as suas poucas e distantes praias, se comparado ao Rio de Janeiro e Santa Catarina, concentra 60% desse mercado. Nos últimos anos, isso fez o número de estaleiros instalados no país mais do que dobrar, provocando, inclusive, uma mudança de estratégia nos que já fabricavam por aqui. Só o setor náutico de lazer e esporte já conta com 151 estaleiros no país.

Um outro aspecto se refere ao fato de esse setor ser iniciante, o que significa que os seus consumidores são muito seletos, sendo bastante sofisticados e exigentes, buscando, assim, o máximo do conforto e qualidade em todos os detalhes, fazendo esse comércio se movimentar em suas inovações, tecnologia e diferenciais. Por essa razão, grandes empresas internacionais estão apostando nesse mercado, oferecendo produtos com novos itens de luxo e acabamento primoroso, só perdendo no preço para as empresas brasileiras.

No que se refere ao futuro desse segmento, o Brasil, que conta com mais de 7,3 mil quilômetros de praias (uma das maiores e mais bonitas faixas litorâneas do mundo), já prepara projetos de construção de novas marinas em todo o seu território, o que garantirá a entrada definitiva do país nesse mercado mundial.

Por fim, o setor náutico tem como fornecedores as empresas nacionais Intermarine e Schaefer, e as estrangeiras Azimut Yachts e Ferretti.

3.2.8 PERFUMES E COSMÉTICOS

Esse segmento é a porta de entrada para o mundo do luxo, sendo o segundo que mais vende no Brasil, depois de moda e acessórios, e o segundo maior mercado de cosméticos masculinos do mundo. O Brasil ocupa a terceira posição no *ranking* dos maiores consumidores de cosméticos, perfumes e maquiagens, atrás apenas dos Estados Unidos e do Japão. O crescimento do mercado brasileiro foi três vezes maior que o da média mundial em 2011. Para se ter uma ideia, maquiagens de marcas famosas são consumidas por 50% das mulheres nos EUA. No Brasil, o percentual é de apenas 5%.

Esse segmento está em franca expansão no país, afinal, o consumidor pode não comprar uma roupa Chanel, mas pode entrar para o universo Chanel através da compra de um perfume, um cosmético ou até um esmalte, que já teve lista de espera após se esgotar em apenas algumas horas, na inauguração da loja no Rio. O canal de distribuição mais utilizado para a venda de perfumes e cosméticos no país são as lojas *duty free* dos aeroportos.

Dentre os perfumes preferidos, há os franceses, seguidos dos italianos e norte-americanos. Já as marcas mais relevantes de cosméticos são: L'Oréal, Estée Lauder, LVMH Perfumes e Cosméticos, Chanel e Clarins.

3.2.9 TURISMO

Esse segmento, devido à falta de infraestrutura e a qualidade dos serviços, aproveita muito pouco a beleza e a extensão turística do país. Os destinos turísticos internacionais mais procurados continuam, tradicionalmente, sendo os Estados Unidos e a Europa, mas, atualmente, abriu-se uma nova tendência através dos roteiros exóticos, que inclui China, Índia, Sudeste Asiático, entre outros, e, com essas novas experiências, cria-se a expectativa de a elite mundial descobrir o encanto do generoso litoral brasileiro.

O Brasil possui um dos maiores ativos turísticos do mundo, colocando-o no topo mundial dos países com potencial de crescimento nesse setor. Esse turismo compreende quilômetros de costa com areias macias e ainda uma grande massa de água doce, um clima e uma variedade de paisagens que beneficiam esse segmento, como: as praias de água doce da Amazônia, o Pantanal, as águas salgadas do Nordeste, as Cataratas de Foz do Iguaçu, além de destinos turísticos tradicionais, como Bahia, Rio de Janeiro, o litoral norte de São Paulo e Santa Catarina.

Então, se há todas essas oportunidades, o que falta para esse setor evoluir? Falta a infraestrutura necessária para suportar o crescimento da demanda interna, afinal, o ato de viajar é uma imensa cadeia de muitos elos, começando no momento da aquisição da passagem, e vai se deslocando por etapas sequenciais, até o táxi a ser contratado no retorno do passeio. A nossa deficiência, na verdade, está em toda essa estrutura, indo desde os habituais atrasos nos aeroportos em dias de pico, passando pelas estradas precárias, e culminando com a falta de redes hoteleiras para atender esse público.

Não se deve esquecer que o luxo está nos pequenos detalhes, o que torna esse mercado precário pelas suas deficiências. No entanto, a Copa do Mundo e a Olimpíada irão fortalecer o turismo, a hotelaria e a gastronomia, com novos empreendimentos a serem abertos no Brasil, gerando uma grande expectativa de crescimento para esse segmento, tornando-o um dos mais promissores no mercado do luxo dessa década.

3.2.10 VEÍCULOS

Apenas no segmento de automóveis, o Brasil é o quarto maior consumidor de veículos *premium* do mundo, sendo considerado um dos principais mercados para a Ferrari, o que motivou a vinda da Bentley e da Aston Martin para o país. Há, inclusive, fila de espera para a aquisição de carros que valem de R$ 500 mil a R$ 1 milhão.

Os números de junho de 2011 mostram um crescimento na venda de automóveis de 62% em comparação com o mesmo mês de 2010, e 47% maior quando comparado com o mês de maio de 2011; já de janeiro a abril de 2011, houve um aumento de 105,7% na venda de veículos importados acima de R$ 100 mil, se comparado com o mesmo período em 2010. Em 2010, o Brasil foi o quarto maior mercado mundial de automóveis, não sofrendo os efeitos da crise como a Europa e os Estados Unidos.

Para se ter uma ideia do sucesso desse segmento, segundo a Abeiva, a Porsche pulou de 1.032 unidades vendidas em 2010 para 1.236 em 2011. Já a Aston Martin, no mesmo período, passou de

21 para 24 carros vendidos, a Bentley, de 5 para 19 unidades, e a Lamborghini, de 17 para 20. Como já foi citado, Ferrari e Maserati registraram queda: a primeira caiu de 64 unidades vendidas para 53, e a segunda, de 30 para 28; a Rolls Royce ainda não emplacou um veículo, já que começou suas atividades em dezembro de 2011 (a meta da marca é fechar 2012 com 15 carros vendidos).

A BMW, que importa para o Brasil 4.500 veículos por mês, segundo dados da consultoria Jato Dynamics, lidera a venda de carros da marca na América do Sul, seguido por Argentina e Colômbia. Em junho de 2011, a Mercedes-Benz conquistou o recorde histórico de vendas de automóveis importados, alcançando a liderança desse segmento ao comercializar 1.016 veículos.

O segmento de automóveis poderia ser maior, se não fossem as taxas de importação. Enquanto um sedã Classe C 250 da Mercedes custa € 34,5 mil na Alemanha (R$ 88 mil) e US$ 34,8 mil nos Estados Unidos (R$ 65 mil), no Brasil o preço chega a R$ 191 mil.

Os fabricantes de carros coreanos e chineses já anunciaram planos de produzir as marcas *premium* no Brasil, visando evitar o impacto do imposto de importação, oferecendo, assim, valores competitivos e alavancando ainda mais as vendas. A surpresa é que não só a BMW, mas também a Mercedes-Benz, a Land Rover e a Volvo planejam abrir linhas de montagem no país nos próximos anos.

Esse segmento ainda contempla as motos, onde em 2010 foram comercializadas 37 mil unidades. Esse sucesso na comercialização das motos *premium* é muito mais do que a venda de um veículo, mas sim de um estilo. Os bons resultados estão viabilizando a fabricação de motos de luxo no país: hoje, uma moto BMW importada, por exemplo, é comercializada por R$ 55 mil; com a nacionalização, o seu preço sofrerá uma redução considerável, devendo ser comercializada por R$ 40 mil, uma redução de 27% no preço.

Esse segmento, no geral, está vivendo um bom momento, tendo ainda muito espaço para crescer. Na verdade, as empresas que ainda não se instalaram no Brasil já consideram essa possibilidade, afinal, as previsões para os próximos anos são otimistas, com o financiamento nas vendas ajudando o setor a bater recordes de vendas.

As principais marcas de carros de luxo importados são: Aston Martin, Bentley, BMW, Ferrari, Jaguar, Lamborghini, Land Rover, Lexus, Maserati, Mercedes-Benz, Pagani, Porsche e Spyker. Entre as motos de luxo temos: Harley-Davidson, BMW, KTM, Honda, Kawasaki, Triumph e Yamaha.

3.2.11 VINHO E DESTILADOS

Essa categoria de produtos é oferecida nas lojas *duty free* dos aeroportos, nas lojas de bebidas, empórios e supermercados, junto com cervejas e refrigerantes, o que é um contraste para o conceito do luxo; embora, nesse segmento, esse seja um fato comum.

Dentre os produtos, há o uísque, o conhaque, a vodca, o gin, o rum, a champanhe e alguns espumantes brasileiros, como a Chandon, por exemplo. No país, existem três grandes grupos: Diageo (Smirnoff, Johnnie Walker, Baileys, J&B, Captain Morgan, Cuervo, Tanqueray e Gordon's), Pernod Ricard (Chivas Regal, Ballantine's, Campbell, Jameson, Havana Club, Malibu, Martell, Seagram's, Beefeater, Stolichnaya, Perrier Jouer e Mumm) e LVMH (Hennessy, Dom Perignon, Krug, Moet Chandon, Veuve Clicquot, Chandon).

CAPÍTULO IV
QUEM É O CONSUMIDOR DO LUXO NO BRASIL?

CONHECER PROFUNDAMENTE O CONSUMIDOR é um dos pilares desse estudo, pela importância que ele representa para o mercado do luxo. O objetivo deste capítulo é apresentar as características desse consumidor: as suas aspirações; de que classe social ele vem e onde está localizado; qual é a sua renda, o seu gasto e a sua expectativa quanto a um produto; mostrar se ele é fiel a marca e como são os serviços prestados a ele.

A construção dessa definição dos clientes do luxo passa pela necessidade de conhecimento das suas características. Uma das particularidades está relacionada à sensação, onde o "ter" é mais importante do que o "ser". Isso quer dizer que, para a falta de conteúdo no "ser", investe-se no "ter", que representa a senha e dá *status* para estar em um grupo social. Entretanto, esse "ter" reflete dois lados do consumismo: a satisfação de uma necessidade pessoal e a ascensão social, pertencendo a um grupo. Esse grupo de elite econômica é formado por dois subgrupos: os emergentes ("*new money*") e os tradicionais ("*old money*"), sendo que, normalmente, este último se distingue do outro por possuir um gosto mais refinado.

A elite tradicional, fundamentada na prerrogativa social, tem um comportamento muito interessante quando começa a ser imitada: ela assume uma nova postura para manter a sua distinção social. Isto aconteceu, por exemplo, quando os emergentes começaram a consumir roupas de marca para ostentar, e os tradicionalistas passaram a consumir roupas de marca personalizadas. Assim, esse acréscimo, recentemente, do consumo de produtos e marcas de luxo, deve-se aos emergentes, ou seja, o aumento do poder aquisitivo está relacionado ao aumento desse mercado. Uma grande parte dos novos milionários é do agronegócio; há também executivos de alto escalão e empreendedores (*"self-made man sucess"*). Há também um grupo de milionários, pertencentes aos emergentes, formado por atletas e pessoas do setor de entretenimento.

Um traço marcante para todos os pertencentes a esse grupo é a distinção social, que subdivide esse grupo pela origem social: tradicionais e emergentes. Ao olhar para os produtos que eles, de uma forma geral, consomem, percebe-se que não é o preço que determina a distinção social, mas o bom gosto e a adequação para os fins destinados; como no caso da escolha de um vinho apropriado para a refeição, mesmo que ele seja mais barato do que outros vinhos. No entanto, se todos conhecem os vinhos adequados para a refeição, o poder de distinção deixa de existir por ser comum e passa para outro elemento, como a escolha da melhor região ou safra. Assim é quando todos possuem um determinado grau acadêmico, como o MBA: ele deixa de ser um elemento distintivo e passa para outro elemento, como a sua origem – nacional ou internacional. Em um último exemplo, quando todos têm fluência no inglês, que é a 2ª língua no mundo, ele deixa de ser um elemento distintivo e passa para outro elemento, como o domínio do mandarim, que se apresenta como o idioma de bons negócios, no presente e no futuro.

Outra característica do consumidor que merece ser destacada, embora já falada, é o fato de o brasileiro ser antenado e, por isso, um ávido comprador de novidades, além de conhecedor dos mais recentes produtos da marca, o que o torna um consumidor de tendências.

O atual consumidor do luxo, na era da falta de tempo, compensa essa falta com recompensas do tipo "eu mereço", onde sua preocupação não está em acumular bens, mas na experiência em gastar com produtos que lhe proporcionem satisfação pessoal e qualidade de vida: um jantar com menu degustação, uma maravilhosa massagem ou uma viagem inesquecível, por exemplo.

Além disso, é importante que se diga que, em qualquer tipo de bem ou serviço, o valor de um produto está na percepção sobre ele, tanto na compra quanto no uso, despertando um sentimento e uma satisfação pelo objeto ou serviço, podendo esta satisfação ser social, emocional ou econômica. Por isso, o valor de um produto está baseado na subjetividade, no que o consumidor dele retira, e não no que o fabricante atribui a ele como resultado do somatório de elementos produtivos, matéria-prima, qualidade e custo de produção.

Uma particularidade do mercado brasileiro do luxo está relacionada a sua cultura: a compra parcelada através do cartão de crédito ou cheque pré-datado. Isso contradiz as diretrizes de uma marca de luxo e faz com que os representantes das principais marcas, quando chegam ao Brasil para conhecer o mercado brasileiro, precisem se adequar a essa particularidade. As vendas no Brasil vêm atingindo metas bem expressivas – em 2011, se superaram as expectativas sobre o resultado nas vendas. Esse sucesso deu destaque ao Brasil na matriz das grifes de luxo e originou projeções e metas diferentes para os próximos anos.

Em suma, o consumidor brasileiro tem o desejo de pertencer a um universo mais sofisticado e exclusivo no mundo inteiro. Embora não haja indicadores do tamanho desse setor para a economia nacional, isso pode ser sentido pela disposição do brasileiro para consumir o luxo, conforme os sinais aparentes de crescimento, orientado pela oferta de novas marcas e serviços.

4.1 O CONSUMIDOR DO LUXO NO BRASIL

Como já mencionado, o mercado do luxo no Brasil é diferente do de outros países, e o consumidor do luxo no Brasil, ou seja, o brasileiro que consome produtos e serviços de luxo, também é diferente daqueles dos demais países.

O brasileiro costuma ser impetuoso e comprar por impulso, sem pensar em sua renda mensal. Normalmente, a compra é feita através do cartão de crédito, quase sempre é parcelada; muitas vezes, para não deixar de comprar, ele costuma pagar o mínimo da fatura do cartão. O brasileiro, que é muito mais emocional do que racional na hora de consumir, é um verdadeiro *case* do mercado de luxo! E, mesmo o consumidor que viaja com frequência, também consome e compra no Brasil. Quando ele deseja um produto, adquire na hora, pois não quer esperar uma viagem para comprar. Mesmo quando decide esperar para comprar em uma viagem, ele vai até a loja para experimentar o produto que quer comprar no exterior.

O consumidor do luxo no Brasil gosta de ser paparicado, e na grande maioria das vezes tem um laço de amizade com o vendedor ou a vendedora que o atende. Algumas marcas de luxo têm vendedores que levam a coleção na casa do cliente para que ele escolha o que quer comprar, com conforto e comodidade. Quando ele compra na loja, suas compras são entregues em casa. No Brasil, não existem barreiras – o vendedor acaba ficando amigo do consumidor.

O Brasil é um território só, mas o perfil do consumidor do luxo varia muito de cidade para cidade. Os consumidores do Norte e Nordeste vêm uma vez por mês a São Paulo para efetuarem suas compras. Eles adoram quando chegam na loja e a vendedora coloca a sua música predileta; são recebidos com champanhe e a vendedora já sabe as suas preferências. Mesmo sabendo que estão pagando mais caro do que se comprassem no exterior, eles não se importam – como não são fluentes em inglês ou francês, são tratados como consumidores comuns em Nova York, Miami ou Paris. Essa barreira do idioma faz com que eles não tenham a experiência do ato da compra nesses lugares, que é essencial no mercado do luxo.

As cariocas são mais descontraídas, e entram em trajes de banho em joalherias ou lojas para comprarem produtos de luxo. Já em São Paulo, as consumidoras são mais formais, e vão às compras vestidas de forma elegante, com o cabelo e unhas feitas. Em Brasília, as consumidoras do luxo preferem pagar em dinheiro do que usar o cartão de crédito. Enfim, cada cidade tem a sua peculiaridade, com os hábitos dos consumidores variando muito, cabendo às marcas se adaptarem as regionalidades. Afinal, o consumidor brasileiro é o único que compra luxo a prazo. A consumidora não pensa que está comprando uma bolsa que custa R$ 5.000,00, para ela, são 10 prestações de R$ 500,00.

Conhecer esse cliente é imprescindível para a estratégia das empresas que atuam neste segmento. Por isso, segue abaixo o perfil do consumidor do luxo no Brasil, segundo uma pesquisa da empresa Cognatis Geomarketing para a revista *Exame*.

Idade
- 5% tem até 29 anos
- 16,7% tem entre 30 e 39 anos
- 62,9% tem entre 40 e 64 anos
- 15,5% tem acima de 65 anos

Sexo
- 58% dos consumidores são mulheres
- 42% dos consumidores são homens

Figura 8: Onde estão os consumidores do luxo?

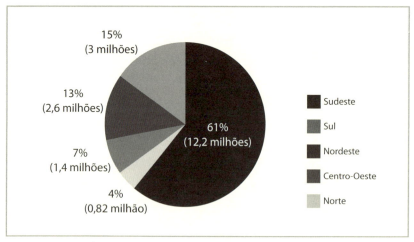

Fonte: Cognatis Geomarketing.

Figura 9: Os estados mais ricos
Proporcionalmente, o Distrito Federal está no topo da lista: mais de um quarto de seus habitantes está no topo da pirâmide social.

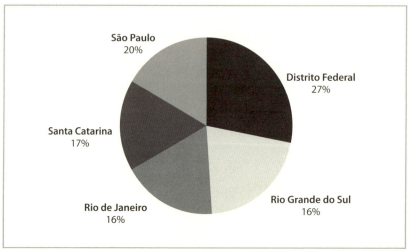

Fonte: Cognatis Geomarketing

Figura 10: As capitais mais ricas
Ao se levar em consideração apenas as capitais, Florianópolis é a cidade com o maior percentual de pessoas das classes A e B.

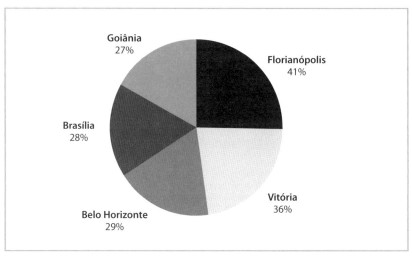

Fonte: Cognatis Geomarketing

Figura 11: Gastos mensais das classes A e B (em bilhões de R$)
R$ 930 bilhões foi o potencial de consumo das classes A e B em 2011.

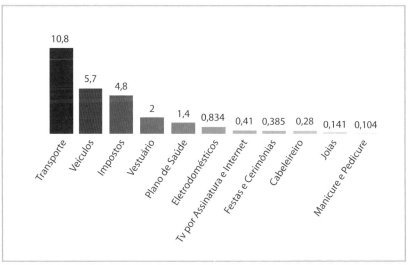

Fonte: Cognatis Geomarketing

Fazendo uma avaliação dessas famílias, observa-se que há:

- 8 milhões de pessoas em uma família moderna madura (ambos os cônjuges trabalham, pelo menos um tem mais de 45 anos, e têm filhos com menos de 18 anos).
- 4,2 milhões de pessoas em uma família moderna (ambos os cônjuges trabalham, ambos têm menos de 45 anos e possuem filhos com menos de 18 anos).
- 1,8 milhão de pessoas são solteiras, com filho adulto (homem ou mulher solteiros, separados ou viúvos, com filho maior de 18 anos).
- 1,2 milhão de pessoas em uma família tradicional (casal com menos de 45 anos, em que só um trabalha e com filho menor de 18 anos).
- 4,8 milhões em outros grupos.

Figura 12: Renda (em milhões de R$)
Quase 80% das famílias brasileiras das classes A e B têm rendimento mensal de até R$15.950.

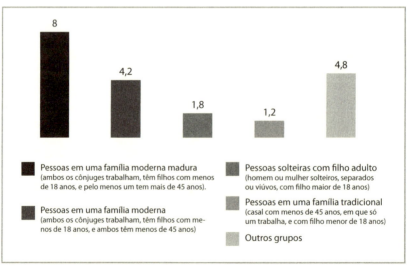

Fonte: Cognatis Geomarketing

Tabela 5: Onde estão os milionários no Brasil

ESTADO	NÚMERO DE MILIONÁRIOS
São Paulo	63.398*
Rio de Janeiro	20.727*
Minas Gerais	7.980*
Rio Grande do Sul	7.812*
Paraná	1.211 (crescimento de 41% entre 2003 e 2010)
Santa Catarina	4.123 (crescimento de 76% entre 2003 e 2010)
DF	2.800**
Bahia	2.471
Goiás	2.233 (crescimento de 31% entre 2003 e 2010)**
Pernambuco	1.743*
Espírito Santo	1.575 (crescimento de 61% entre 2003 e 2010)
Mato Grosso	1.435 (crescimento de 39% entre 2003 e 2010)**
Ceará	1.309*
Mato Grosso do Sul	1.211 (crescimento de 41% entre 2003 e 2010)
Alagoas	658
Maranhão	504 (crescimento de 33% entre 2003 e 2010)**
Pará	476*
Sergipe	434
Rio Grande do Norte	427 (crescimento de 55% entre 2003 e 2010)**
Amazonas	399
Paraíba	252
Piauí	224
Amapá	182
Tocantins	70 (crescimento de 46% entre 2003 e 2010)**
Acre	35
Rondônia	(crescimento de 33% entre 2003 e 2010)**
Roraima	28

Fonte: Haliwell Bank
* Fortunas acima de 50 milhões de reais.
** Estados com o maior crescimento no número de milionários entre 2003 e 2010

Tabela 6: Lista dos 36 bilionários brasileiros (2012)

MUNDO	BRASIL	BILIONÁRIO	US$ BILHÕES	IDADE
7	1	Eike Batista	30	55
52	2	Joseph Safra	13,8	73
67	3	Antonio Ermírio de Moraes e Família	12,2	83
69	4	Jorge Paulo Lemann	12	72
178	5	Marcel Herrmann Telles	5,7	62
196	6	Carlos Alberto Sicupira	5,2	64
232	7	Família Steinbruch	4,5	-
255	8	Aloysio de Andrade Faria	4,2	91
290	9	Francisco Ivens de Sa Dias Branco	3,8	77
304	10	Ana Lucia de Mattos Barretto Villela	3,6	38
304	11	Abílio dos Santos Diniz	3,6	75
330	12	Alfredo Egydio Arruda Villela Filho	3,4	42
377	13	André Esteves	3	43
377	14	Antonio Luiz Seabra	2,9	69
401	15	Fernando Roberto Moreira Salles	2,7	65
442	16	João Moreira Salles	2,7	50
442	17	Pedro Moreira Salles	2,7	52
442	18	Walther Moreira Salles	2,7	55
442	19	Rubens Ometto Silveira Mello	2,7	62
491	20	Nevaldo Rocha e família	2,5	83
521	21	Moise Safra	2,4	77
578	22	Edson de Godoy Bueno	2,2	68
578	23	Maria de Lourdes Egydio Villela	2,2	-
601	24	Lirio Parisotto	2,1	58
634	25	Dulce Pugliese de Godoy Bueno	2	64
683	26	Elie Horn	1,9	66
719	27	Jayme Garfinkel & family	1,8	65
719	28	Rubens Menin Teixeira de Souza	1,8	56
764	29	João Alves de Queiroz Filho	1,7	59
804	30	Guilherme Peirão Leal	1,6	61
854	31	José Isaac Peres	1,5	70
913	32	Lina Maria Aguiar	1,4	-
960	33	Julio Bozano	1,3	76
1075	34	Lia Maria Aguiar	1,1	-
1075	35	Antônio José Carneiro	1,1	68
1153	36	Liu Ming Chung	1	49

Fonte: Forbes 2012

4.1.1 COMPORTAMENTO DO CONSUMIDOR DO LUXO NO BRASIL

O intuito de se identificar o comportamento do consumidor do luxo é conhecer com maior profundidade esse cliente, através do mapeamento das suas aspirações e preferências, para que se possa dar diretrizes às empresas que atuam neste segmento sobre o comportamento do seu público-alvo. Por isso, seguem abaixo as aspirações que movem o cliente do luxo ao consumo.

- *Ticket* **Médio do consumidor por compra**
  2007: R$ 3.050
  2008: R$ 3.454 (cresceu 13%)
  2009: R$ 2.726 (reduziu 25%)
  2010: R$ 4.710 (cresceu 72%)

Figura 13: Principais motivos de atração de uma marca

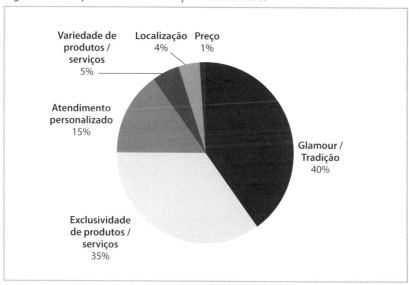

Fonte: GFK, MCF (2011)

Tabela 7: *Top of Mind* (marcas estrangeiras) do consumidor

MARCA	MÉDIA	HOMENS	MULHERES
Louis Vuitton	30%	31%	29%
Hermès	12%	7%	15%
Chanel	8%	1%	12%
Giorgio Armani	6%	8%	4%
Gucci	5%	1%	9%
Tiffany & Co.	5%	4%	7%
Cartier	3%	1%	4%
Dior	3%	0%	5%

Fonte: GFK, MCF (2011)

Tabela 8: *Top of Mind* (marcas nacionais) do consumidor

MARCA	MÉDIA	SÃO PAULO	INTERIOR DE SÃO PAULO	OUTROS ESTADOS
H. Stern	24%	23%	18%	27%
Daslu	20%	22%	25%	14%
Fasano	5%	5%	2%	6%
Osklen	4%	4%	2%	4%
Victor Hugo	3%	3%	2%	3%
Ricardo Almeida	2%	2%	5%	2%
Nenhum	2%	0%	5%	3%

Fonte: GFK, MCF (2011)

Tabela 9: Sonho de Consumo dos Clientes do Luxo

TOP 10	
MARCA	REPRESENTATIVIDADE
Chanel	10%
Hermès	7%
BMW	5%
Prada	4%
Porsche	4%
Giorgio Armani	4%
Rolex	4%
Louis Vuitton	3%
Christian Louboutin	3%
Mercedes-Benz	2%

OUTRAS MENÇÕES	
MARCA	REPRESENTATIVIDADE
Ermenegildo Zegna	2%
Tiffany & Co.	2%
Cartier	2%
Apple	2%
Land Rover	2%
Ferrari	2%
H. Stern	2%
Bentley	1%
Gucci	1%
Não respondeu	5%

Fonte: GFK, MCF (2011)

4.1.2 ANÁLISE PSICOLÓGICA DO CONSUMIDOR DO LUXO NO BRASIL

O estudo do comportamento do consumidor caracteriza-se pela multidisciplinaridade. No início do século XX, os economistas buscavam compreender a demanda baseando-se em uma perspectiva racional sobre as decisões dos consumidores. Estes possuiriam informações completas e precisas sobre as alternativas de consumo, e, assim, utilizariam processos plenamente racionais de escolha, maximizando a utilidade ou a satisfação em relação à compra. Essa hipótese foi revista graças ao surgimento da teoria psicanalítica de Sigmund Freud, que agregou o conceito de conteúdo simbólico para o consumo dos indivíduos. Alguns economistas passaram a acrescentar os motivos, as atitudes e a percepção sobre as marcas como fatores que afetavam as decisões dos consumidores.

Diante disso, a Sociologia, a Psicologia Social, a Semiótica, a Demografia, a Antropologia, a Ciência Política e a História também prestaram uma contribuição importante a essa análise, sendo, dentre estas, a Psicologia a que mais contribuiu. Uma das suas contribuições foi no esclarecimento das necessidades e dos desejos para a compreensão das nuances do conceito luxo, já que um trabalho sobre o luxo deve, necessariamente, tangenciar a questão das necessidades e desejos.

A hierarquização das necessidades é um conceito da Psicologia, muito utilizado em livros de *marketing*, indo desde as necessidades básicas (fisiológicas) essenciais à manutenção da vida humana (comer, dormir, beber, fazer sexo) até as mais sofisticadas ou superiores (*status* e autorrealização). Ainda assim, convém lembrar que as necessidades são inerentes a todos os seres humanos, independente de sua cultura; entretanto, o que é culturalmente determinado são as formas de satisfazê-las.

Ainda sobre a hierarquização das necessidades, é importante colocar que, normalmente, a maioria das pessoas experimenta satisfação apenas parcial das necessidades, sendo que a proporção dessa satisfação diminui conforme se sobe na hierarquia das necessidades. Dessa forma, essa pirâmide pode ser entendida não só pela preponderância de cada necessidade, mas também pelo seu nível de satisfação. Segundo Maslow, a hierarquia não é tão rígida quanto possa parecer, sendo possível haver inversões de ordem (a autoestima ser mais importante para uma pessoa que o amor, por exemplo) ou, mesmo, a dominação de uma necessidade de nível mais alto, levando uma pessoa a privar-se de necessidades mais básicas em prol daquela. Indivíduos que desenvolvem altos graus de tolerância a frustrações seriam exceções a essa regra.

Figura 14: A hierarquia das necessidades segundo Maslow

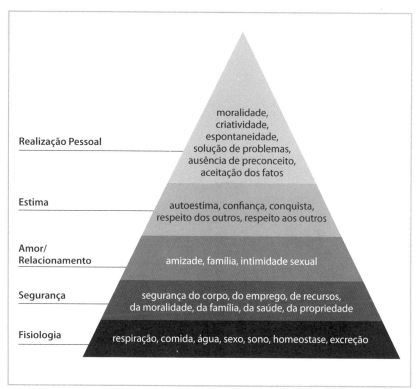

Segundo essa teoria, haveria dois tipos de necessidades: as necessidades "absolutas", invariáveis, universais, ligadas a um consumo repetitivo, cotidiano, sentidas como custos vitais para nossa sobrevivência, e as necessidades "relativas", nascidas do imaginário humano, subjetivas e suscitadas pelo contexto social, que correspondem a esferas mais ostentatórias do consumo, ligadas a gastos individuais e flexíveis.

Após tratar com a profundidade necessária o tema das necessidades, estabelecerei a fronteira entre elas e o desejo, o que é tênue na sociedade de abundância. As necessidades seriam motivos primários e objetivos, advindos do instinto de conservação da vida humana, portanto intensos e incontroláveis, em número limitado, uniformes, constantes e universais. Já os desejos seriam motivos secundários, intencionais, ilimitados, dinâmicos, com causas variáveis, dependentes do domínio do irracional, do sonho e da fantasia.

As necessidades e os desejos são duas entidades essenciais à passagem para o ato de consumo. A necessidade obedece à lógica da satisfação, e o desejo, à lógica da carência, da insatisfação incessante. Daí, algumas visões negativas sobre a cultura do consumo, identificando-a como uma exploração, alienação e desumanização das pessoas, tentando infantilizar e domesticar o público para que consuma dócil e ansiosamente. No entanto, quando o consumo leva à geração de significados, como quase sempre acontece, trata-se de um esforço ativo, criativo e crítico por parte do consumidor.

Enquanto entidade desejável, o consumidor não é um mero joguete da rede de seduções ou de relações sociais. Há um envolvimento ativo da imaginação humana no encantamento com as abundantes promessas do mercado. Contudo, para que se sinta livre para perseguir um desejo, a pessoa precisa sentir que tem o direito e a justificativa para fazê-lo – o que implica uma subjetividade moderna.

Há que se registrar as distorções na sociedade de consumo, como o materialismo excessivo e as psicopatologias, a exemplo do consumo compulsivo ou incontrolável. Alguns desses desvios comportamentais derivam de pressões sociais, do valor excessivo dado ao dinheiro ou de ideais irrealistas de beleza e sucesso, que criam insatisfação constante. Por isso, buscar significados em produtos onde eles não existem ou construir a vida apenas em termos materiais, são patologias que ilustram como o processo de transferência de significados pode dar errado, prejudicando tanto o indivíduo como a coletividade. Porém, em situações normais, as pessoas usam os objetos de maneira não problemática, para construir partes cruciais de seu "Eu" e do mundo. O cuidado necessário é não fazer do uso um abuso, e da posse, a ostentação, e ambos os condicionantes para ser alguém. Uma outra questão relacionada às patologias de consumo é o impacto social do mesmo: desigualdades socioeconômicas, enfraquecimento das políticas públicas e o esgotamento do meio ambiente.

Ainda sobre o consumismo, em que se pese o lado negativo (materialismo, individualismo exacerbado, desperdício, hedonismo, perda de valores espirituais e comunitários), há muitas vantagens a serem levadas em conta na sociedade do consumo. Por exemplo, nas sociedades pré-capitalistas, os significados eram gerados por convenções sociais, laços de sangue, posse de terras, a forma de falar, o gênero e a ancestralidade. Hoje vivemos em um mundo onde a ascensão social é possível, muito mais democrático que o mundo antigo, no qual a pátina (símbolo da longevidade do *status* de nobreza de uma família) servia à imobilidade e rigidez sociais. Ademais, atualmente, a riqueza de primeira geração não se distingue mais da nobreza de cinco gerações.

O atual sistema de alocação de *status* favorece a iniciativa e o sucesso, estando mais próximo de uma distribuição equitativa das posições sociais que em outros sistemas. Mesmo que a ideia de que "o que possuímos define quem somos" seja repulsiva para muitos, em termos puramente materiais, preferiríamos, certamente, ser pobres hoje a ser classe média alta um século atrás.

O ato da compra, dentro do consumo, deve ser pela realização de um sonho ou desejo, e não apenas pelo ato de comprar, como em uma compra impulsiva, pois, os que assim o fazem, não realizam um sonho, mas a quebra de uma frustração, ou seja, o ato da compra faz com que esses consumidores esqueçam sua frustração, ou mesmo a depressão. Muitos desses clientes precisam comprar diariamente, nesse caso, tornando-se um vício; assim como existem os viciados em drogas e em cigarros, há os viciados em compra de produtos de luxo e, por isso, esse consumidor precisa de um tratamento especial para deixar o vício.

Além disso, nesse grupo de compra pelo fator psicológico, existem os consumidores que possuem um complexo de inferioridade em relação aos demais, fazendo com que os mesmos comprem artigos de luxo para subirem um degrau na escala social ou se sentirem incluídos nesse grupo. Esse é o caso, por exemplo, das pessoas de classe média que, pela ascensão profissional, subiram na escala social. Existem também jovens de 20 e 30 anos de idade, casadas com executivos de 60 anos ou mais – a mesma situação acontece, também, de forma inversa, com mulheres bem-sucedidas casadas com homens mais novos.

Esse grupo de jovens se vê inserido em um conjunto de idade que não pertence ao seu, e o fator marcas de luxo os faz sentir inseridos nesse grupo (esquecendo, muitas vezes, que não é o fato de estar vestido com uma roupa de grife que diferencia a pessoa, mas, sim, a bagagem de conhecimento que ela traz).

4.1.3 A IMPORTÂNCIA DO CONSUMIDOR GAY DO LUXO NO BRASIL

Na sociedade contemporânea, não se pode ignorar o poder de compra dos *gays* (incluem-se os metrossexuais nessa categoria, já que a análise é pelo perfil no ato da compra, e não pela opção sexual, por isso, os *gays* e os metrossexuais estão na mesma categoria).

Segundo pesquisa da Out Now Global, em 2010 havia 9 milhões de consumidores *gays* com grande potencial de compra, sendo que 80% deles fizeram compras *online* nos últimos 3 meses. O gasto médio, nos últimos 12 meses, com computadores foi de US$ 3,5 bilhões; em artigos para casa foi de US$ 8,8 bilhões; e gastos em viagens foram de US$ 20 bilhões por ano.

O grupo de comunicação e *marketing* Witeck-Combs estimou o poder de compras dos *gays* nos Estados Unidos em US$ 835 bilhões para 2011. No Brasil, não há estimativas de quanto eles movimentam financeiramente, mas, ao analisarmos alguns pontos comerciais importantes, como a Oscar Freire, a Garcia D'Avilla, os *shoppings* Iguatemi, Iguatemi Brasilia, JK, Cidade Jardim, Leblon e Fashion Mall, tem-se uma ideia desse valor. O perfil do consumidor brasileiro do luxo é dividido em 60% feminino e 40% masculino (estima-se que, dentre esses 40% do sexo masculino, 29% são *gays*, e que 40% desses clientes estão em São Paulo, 14% no Rio de Janeiro, 8% em Minas Gerais e 8% no Rio Grande do Sul).

O perfil do consumidor brasileiro *gay* é: jovem, bem-sucedido, com MBA ou, pelo menos, nível universitário. Esses dados são comprovados pelo estudo feito pela InSearch em 17 estados brasileiros, que revela que 39% deles pertencem as classes A e B, 30% à classe C, e 48% têm nível superior completo. Eles adoram estar nos lugares da moda, como restaurantes, casas noturnas, bares e festas badaladas. Normalmente, eles moram sozinhos e, como não têm esposa e filhos, gastam cada vez mais seu dinheiro com viagens. De acordo com a International Gay & Lesbian Travel Association (IGLTA), o turismo *gay* movimenta US$ 54 bilhões por ano no mundo. Para atrair esse público, o governo do Rio de Janeiro lançou, em maio de 2011, a campanha internacional *Come to Live the Rio Sensation*. São Paulo também está na briga por esse consumidor, com sua parada *gay* anual, que é a maior do mundo, com mais de 3 milhões de pessoas, e injeta quase R$ 200 milhões na economia da cidade – a parada é o segundo maior evento da cidade, e só perde para o grande prêmio de Fórmula 1. Rio de Janeiro, São Paulo e Buenos Aires disputam o título de capital mais *gay friendly* da América Latina.

Os *gays* também gastam em roupas, perfumes, cosméticos, carros, joias etc. Eles sempre estão informados sobre lançamentos no exterior e já entram na loja sabendo o que querem comprar. Eles são clientes fiéis à marca e, na maioria dos casos, possuem laços de amizades com as vendedoras por estarem sempre comprando. Nos eventos à noite, eles são a maioria dos convidados por não precisarem se preocupar com babá para saírem e, em muitos casos, são executivos que possuem o próprio negócio, então podem chegar mais tarde ao trabalho no dia seguinte.

Esse consumidor tem como peculiaridade o fato de adorar receber mimos, o que, muitas vezes, acaba fidelizando-o à sua marca favorita. A diferença entre conservar e perder esse consumidor está nos pequenos detalhes, onde basta uma palavra errada e o cliente pode ir embora para sempre; por isso, é necessário treinar melhor os funcionários para que não perguntem por esposas ou filhos, já que o presente pode ser para o seu companheiro e o constrangimento pode fazê-lo desistir da compra. Outro cuidado que a uma marca de luxo deve ter é, ao ligar no dia seguinte para o cliente, evitar perguntar se a esposa gostou do presente.

É imprescindível ressaltar a importância do atendimento na decisão da compra de produtos e serviços no mercado do luxo no Brasil, afinal, eles compram pela experiência única, onde uma taça de champanhe já não os surpreende mais; mas a experiência de serem convidados para a festa de inauguração da loja de determinadas marcas de luxo (como as concorridas festas de abertura de lojas no JK Iguatemi) ou um evento especial, os faz feliz.

Como já foi dito, esse consumidor do luxo acompanha as tendências da moda, participa do SPFW, Fashion Rio e Fashion Business, entende das coleções e, por isso, gosta de vestir a coleção atual.

Atualmente, visando o mercado *gay*, já existem lançamentos imobiliários, hotéis (o Chili Pepper Single Hotel tem 3 suítes presidenciais), Arco-Íris Card (da JJCL Brasil Cartões), Vida Freedom (seguro de vida da American Life), lojas, academias de ginástica, agências de viagens, casas noturnas (no The Society, um dos mais bonitos de São Paulo, aconteceu a festa de lançamento da rede social ELEQT no Brasil), restaurantes, bares, cinemas, cabeleireiros, *spas*, entre outros, exclusivos para atender a esse consumidor.

4.2 COMO ATRAIR O CONSUMIDOR DO LUXO NO BRASIL

O serviço prestado ao consumidor do luxo tem uma característica fundamental: o encantamento desse consumidor. Para isso, é necessário proporcionar uma experiência extraordinária durante a prestação do serviço, afinal, esse consumidor do luxo quando compra um produto ou adquire um serviço, procura não apenas um bem ou préstimos, mas, principalmente, uma experiência de compra única. Para proporcionar essa sensação contínua, é preciso explorar ao máximo os cheiros, os efeitos visuais, a história que existe por trás de cada marca e os detalhes de como são confeccionados os produtos. Podemos tomar como exemplo as bolsas confeccionadas pela Hermès, que são feitas de couro de crocodilos criados em cativeiro, muito bem tratados e, por não serem crocodilos selvagens, seu couro não apresenta muitos arranhões; a mesma Hermès, em todas as bolsas confeccionadas, grava o nome do artesão que a fez. Para proporcionar esse encanto e magia a sua cliente, a Hermès trouxe, em setembro de 2011, uma artesã para confeccionar uma bolsa na própria loja da grife no *shopping* Cidade Jardim. Outro exemplo são os ternos da grife Zegna, que passam pelas mãos de 500 pessoas antes de serem vendidos; as ovelhas que deram origem a esse terno vêm da Nova Zelândia e são muito bem tratadas. Também pensando em proporcionar uma experiência ao seu cliente, a Zegna trouxe, em 2011, uma artesã que confeccionou uma gravata em sua loja, no Cidade Jardim.

O serviço prestado deve influenciar os cinco sentidos do seu cliente (visão, audição, olfato, tato, paladar), onde, para cada um dos sentidos, o luxo revelará surpresas e delícias. É necessário vender desejos em vez de necessidades e atuar nos dois planos: material e intelectual; o luxo está relacionado aos cinco sentidos e, como não existe hierarquia entre eles, todas as formas de luxo são igualmente importantes. A visão poderá ser atraída pelo luxo revelado nos ambientes: de hotéis, da arquitetura, da natureza, de adereços de sedução, como trajes e joias, e de muitos outros objetos que chamam a atenção por sua beleza. Já o som será envolvido pelo ouvido, que nos revela a música e a doçura dos sons e das palavras. O olfato é um campo de especial importância, já que os perfumes muitas vezes sintetizam toda a sedução do luxo. O paladar poderá ser influenciado pela sensação rica e deliciosa de sabores raros e especiais. E, por fim, o tato abrange os materiais dos produtos, revelando todas as virtudes do luxo, onde, além do imenso prazer tátil do objeto, será levado em conta o ato de tê-lo nas mãos, simbolizando a posse de algo valioso.

Ainda assim, para surpreender e atingir o encantamento desejado, é necessário que a marca de luxo proporcione um atendimento que interaja com o cliente, entrando em sintonia total com ele, criando uma química que, além de empatia, tenha como resultado uma relação de confiança mútua, tornando-se cúmplice do seu momento de vida, independente do serviço prestado (loja, hotel, restaurante, clínica estética, agência de viagens, entre outros). Além disso, o cliente deve sentir que o vendedor é um consultor que sabe um pouco mais que ele sobre o assunto e pode ajudá-lo a entrar no universo do produto. Esse encantamento será medido pela avaliação que o consumidor fará da marca, seja por telefone ou internet, diante do atendimento que o funcionário prestou.

Esse trabalho começa já na recepção, desde o manobrista que irá estacionar o carro, e se estende até o cliente ir embora. Deve ficar claro que os funcionários são os representantes da imagem de uma companhia, e são eles que farão o consumidor se lembrar da marca da empresa. Por isso, o atendimento deve ser impecável, personalizado e capaz de fazer o cliente se sentir exclusivo.

Assim, se os funcionários são a peça-chave para esse processo de encantamento e consequente sucesso da marca, é imprescindível que dominem todo o conhecimento técnico sobre a própria área de atuação, que tenham uma visão global da marca da empresa, que estejam bem informados sobre o que acontece nesse mercado e, acima de tudo, tenham orgulho de pertencer à grife. Esse colaborador deve ter uma postura despreconceituosa, além de uma atitude e um comportamento focados no diferencial, no que é exclusivo, como alguém que saiba lidar com as emoções, estimulando o consumo pela emoção. Para tanto, é vital que os empreendedores e gestores desenvolvam esse time de funcionários a ponto de atingir a excelência que é exigida pelo universo do luxo.

Uma experiência extraordinária pode traduzir-se em uma relação com mais comprometimento, quando a marca de luxo demonstra a real intenção de ser útil ao que o cliente deseja naquela hora. Diante do cliente, não devem existir metas de vendas, apenas o sincero desejo de proporcionar, extraordinariamente, o que lhe falta naquele momento.

4.3 COMO FIDELIZAR O CONSUMIDOR DO LUXO NO BRASIL

A marca é o que as empresas têm de mais valor. Ela pode ser um nome, termo, signo, símbolo, *design* ou qualquer combinação dos mesmos, cuja finalidade é identificar os produtos e serviços de uma organização e diferenciá-los da concorrência. Essa definição refere-se meramente aos elementos característicos, deixando de fora o conceito metateórico sobre aspectos importantes, como o conhecimento, a reputação e a proeminência da marca no mercado. A marca é um diferencial que acrescenta dimensões ao produto, diferenciando-o daqueles que cumprem funções semelhantes (simbólicas, emocionais e imateriais) e, quando elas são bem construídas e gerenciadas, criam vantagens competitivas, tornando-se um valioso ativo intangível da empresa.

O poder de atração de uma marca está nos programas de *marketing* e nas experiências sentidas pelos consumidores com os produtos dessa marca, de onde esses clientes definirão as que satisfazem as suas necessidades. O papel das marcas é, através de um nível de qualidade, é estimular o retorno dos clientes satisfeitos, já que a lealdade às marcas oferece às empresas uma demanda mais previsível e segura, criando barreiras de entrada para outros competidores, além de representar, para a empresa, a disposição dos clientes em pagar preços mais altos. Por isso, é importante para as marcas de luxo se sustentarem, estrategicamente, por meio de seus programas de *marketing* e de diferenciação.

A fidelização de uma marca significa que ela atingiu o seu objetivo: habitar a mente do seu consumidor, já que ela, a marca, é uma entidade perceptual com raízes na realidade, mas que reflete as percepções e, mesmo, as idiossincrasias dos consumidores. Isso é importante para a hipótese de os concorrentes copiarem os processos de manufatura e *design* de artigos, pois não conseguirão rivalizar facilmente com as impressões duradouras nas mentes dos indivíduos e organizações, decorrentes de suas experiências com os produtos. Isso torna o trabalho de construção de marca um poderoso meio de se obter vantagem competitiva.

Entretanto, há gestores que não percebem os danos à marca causados por produtos com *design*, materiais e apresentação duvidosa. Para eles, a aplicação do logo é garantia de sucesso. Na prática, porém, os pequenos "pecados" cometidos vão se acumulando e o "*glamour*" da marca, sem alarde, vai gradualmente desaparecendo. É preciso entender que, para maximizar seus resultados, é muito mais adequado para a manutenção do conceito "marca / mercado de luxo" que ela amplie a sua distribuição geográfica, indo buscar novos consumidores em outros lugares do mundo, do que comprometer o portfólio com produtos ou serviços duvidosos.

Um outro ponto a ser abordado nesse processo é o trabalho de *branding*, que se refere ao estabelecimento de uma marca para produtos e serviços, mostrando aos consumidores: "quem" é aquele produto, dando-lhe um nome e usando outros elementos para identificá-lo; o que o produto faz; "por que" o produto é importante para o cliente.

Existem cinco dimensões que devem ser consideradas para criar associações positivas com a marca: os atributos do produto ou serviço, os benefícios associados, os valores da empresa, a personalidade da marca (traços de personalidade a ela associada) e os usuários (sugestão dos tipos de pessoas que compram a marca, seu estilo de vida, nível profissional etc.). As ferramentas usadas para fortalecer e projetar a imagem da marca podem ser:

1) Uma palavra ou ideia principal associada com o nome da marca;
2) *Slogans*;
3) Cores;
4) Símbolos e logotipos: pode ser uma pessoa usada como porta-voz, um personagem, um objeto, desenhos abstratos ou, até mesmo, o nome da marca, grafado de uma maneira especial;
5) Histórias: associadas ao fundador da empresa, ao produto em si ou a comportamentos orientados para o cliente;
6) Sinais sonoros chamam a atenção para a essência emocional da marca: a lógica da decisão de compra envolve muito mais que a

racionalidade – sofre influência das emoções, envolvendo sentimentos como *status*, autoestima, poder e realização pessoal.

No que se refere ao idealismo, para as marcas se estruturarem, elas devem buscar a autenticidade, sendo coerentes com os atributos emocionais, as características e o desempenho do produto. A marca deve representar o "eu" que o consumidor deseja comunicar, ou seja, o que esse consumidor compra não são produtos, mas prestígio, conforto, segurança, confiança, propósito e significados. Por essa razão, atualmente, no mercado do luxo, os produtores têm orgulho do que produzem, e os consumidores, claro, desejo pelo que consumirão.

Um aspecto que não deve ser esquecido é que esse consumidor do luxo é exigente e bem informado, já que são cosmopolitas, estando presentes em vários lugares do mundo, o que os torna bom observadores – sempre olhando, medindo, comparando e classificando tudo o que lhes chega às mãos –, por isso, enganar esses clientes habituais de produtos e serviços é uma tarefa difícil.

Por fim, o consumo de um produto de luxo deve ser uma experiência gratificante para o consumidor, ao remetê-lo a um mundo de sensações e sonhos. A escassez na oferta é uma boa estratégia para garantir uma sensação de exclusividade muito desejável para a repetição do consumo. Fidelizar o cliente qualificado é a grande meta de uma empresa.

4.4 A IMPORTÂNCIA DA CLASSE MÉDIA PARA O MERCADO DO LUXO

No Brasil, a classe média cresceu e está aparecendo, obtendo destaque, e as empresas estão de olho nela visando multiplicarem os seus lucros. No país, em cinco anos, 32 milhões de pessoas (o equivalente ao dobro da população da Holanda) ascenderam socialmente e, com isso, a classe C (antiga classe média baixa) passou a representar a metade da população do país, com cerca de 90 milhões de brasileiros com renda familiar mensal entre R$ 1.115 e R$ 4.807, tornando-se, economicamente, a classe dominante. Para se ter uma ideia da sua importância, a renda reunida da classe C atinge R$ 500 bilhões; além disso, mais de 80% dos cartões de crédito que circulam no país estão nas mãos deles, que são responsáveis por 76% do consumo no Brasil.

Ao analisarmos os números de migração entre as classes sociais, do fim de 2002 até 2009, verifica-se que 1.146 milhões de famílias passaram para a classe B (renda de 10 a 20 salários-mínimos) e 7.772 milhões para a classe C (renda de 3 a 10 salários-mínimos). Ao considerarmos o crescimento da renda com a migração entre essas classes, temos: a classe A dobrou a renda, a classe B cresceu 116% e a renda da classe C cresceu 142%.

Figura 15: Como está dividida a população brasileira em idade ativa

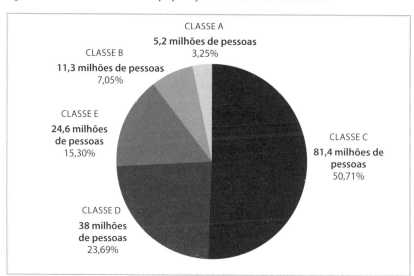

Fonte: Accenture e Plano CDE

A melhoria na renda familiar da classe média, associada a uma demanda reprimida muito elevada pelos bens de luxo, contribuiu para que eles aproveitassem as facilidades de crédito e de financiamento oferecidas pelas lojas para experimentarem sensações diferentes em relação ao dinheiro e aos benefícios emocionais da sua vida diária, que antes só uma pequena parcela da população poderia desfrutar. Esses brasileiros conhecem o que é bom, bonito, sofisticado e estão dispostos a pagar por isso. Dentre os consumos dessa classe, temos: a possibilidade de viajarem, a compra de joias, bolsas, carros, perfumes e roupas de marcas de luxo, mesmo que parceladas em até 10 vezes, afinal, eles viraram o grande alvo das empresas. Esse foco é fácil de explicar ao se olhar a figura 15, que os apresenta como a maior classe econômica ativa, com 81,4 milhões de pessoas (50,71%).

O crescimento acelerado dessa classe média também significa a redução da desigualdade, já que, entre 2003 e 2008, a renda *per capita* dos 10% mais ricos aumentou 3,9% ao ano, enquanto a renda dos 10% mais pobres cresceu a uma taxa de 9,6% ao ano. No entanto, o Brasil, que está entre os 10 países com as maiores desigualdades do mundo, ainda vai demorar 30 anos, se mantiver essa taxa de crescimento, para alcançar o patamar dos Estados Unidos. Apesar disso, o país está prestes a atingir o seu menor nível de desigualdade de renda, afinal, no período entre 2003 e 2008, 43% dos brasileiros saíram da linha da pobreza, o que representa 19 milhões de pessoas, além dos 32 milhões que migraram para as classes ABC. Contudo, se extrapolarmos essas tendências de crescimento e desigualdade até 2014, o ano da Copa do Mundo no país, a pobreza poderá cair mais 50,3%, alcançando a primeira meta do milênio da ONU, só que cinco vezes mais rápido do que o esperado – isso representa 14,5 milhões de brasileiros saindo da linha da pobreza e 36 milhões migrando para as classes ABC.

CAPÍTULO V
COMUNICAÇÃO, PUBLICIDADE E EVENTOS

NESTE CAPÍTULO, examinaremos a importância da ferramenta "comunicação" para o mercado do luxo, desde a transmissão da sua mensagem, passando pelos meios mais eficientes utilizados para transmiti-la, como o uso da publicidade e dos eventos, até a recepção pelo seu público-alvo. Desde já, é importante deixar claro que o básico da comunicação dos bens de luxo é o fato de estar vinculada, intimamente, ao sentimento de exclusividade: ora pela escolha das mídias – prestigiosas ou elitistas –, ora pela forma das mensagens, sempre mais metafóricas, prendendo-se mais ao imaginário e à emoção, do que ao racional.

No segmento do luxo, a importância da publicidade está ancorada na comunicação, que é muito maior que uma propaganda, pois essas empresas podem utilizar a comunicação pela "simples" presença em lugares onde querem ser identificadas: em locais de bom gosto ou da moda, na alta sociedade e nos circuitos culturais. Há marcas, inclusive, que preferem não utilizar a publicidade para se comunicar, utilizando a seletividade através do "boca a boca" e de encontros individuais entre seus representantes e a imprensa especializada.

Na verdade, todos os modos de comunicação entre a marca e seus clientes são importantes, podendo ocorrer através da publicidade, da imprensa ou da apresentação dos produtos. A tabela 10 contempla as ações adotadas pelas empresas na hora de se relacionarem com os seus consumidores.

Tabela 10: Principais e eficientes ações adotadas pelas empresas na comunicação com os seus clientes.

MEIOS DE COMUNICAÇÃO	REPRESENTATIVIDADE
Eventos	77%
E-mail marketing	71%
Segmentação de clientes	56%
Desenvolvimento de canais de comunicação	47%
Gifts	47%
DBM (Data Base Marketing)	41%
Comunicação via Web	36%
Pesquisas de satisfação	35%
Catálogo	1%
Não realiza nenhuma ação	3%

Fonte: GFK/MCF

Como se observa na tabela, o meio de comunicação mais utilizado são os eventos, que imprimem um grau de seletividade, até mesmo para evitar identificação excessiva com o *marketing* dos produtos massificados, priorizando, assim, ações de relações públicas, patrocínios e festas, como forma de atingir consumidores mais específicos e reduzidos. É importante esclarecer que propaganda e relações públicas não são atividades contraditórias, mas complementares: a primeira constrói a notoriedade da marca junto a um consumidor mais amplo, sendo útil para assegurar ao potencial cliente quanto às raízes e legitimidade da marca prestigiosa, enquanto a segunda visa reforçar a imagem junto a segmentos mais restritos, acrescentando uma dimensão de excitação, risco e emoção para alguns compradores e usuários da marca.

Por fim, a comunicação tem o dever de despertar sentimentos no seu consumidor e de fazê-lo se identificar com a empresa; ela não visa vender um produto, mas uma visão, um conceito, um estilo de vida associado à marca. E a imagem dessa marca, sustentada através dos meios de comunicação, é um dos segredos do sucesso.

5.1 A COMUNICAÇÃO DAS MARCAS DE LUXO NO BRASIL

A comunicação é uma importante ferramenta para o luxo, tendo em vista que é através dela que as empresas expressam o desejo de criar o sonho de consumo e de recarregar o valor da marca, o que vai muito além do simples desejo de compra. Além da comunicação formal de uma empresa, há também a comunicação informal, que se dá através de seus clientes fiéis que, além de irem às compras, ainda emitem opiniões que influenciarão novos compradores.

Essa importante ferramenta, quando usada no segmento do luxo, jamais deveria falar em valores (dinheiro), até porque, como já apresentado no capítulo IV, em um universo de 100% a sua interferência é de apenas 1% – o que é desprezível para incorporar na comunicação ao consumidor. No entanto, isso deve ocorrer de forma discreta, em atendimento à legislação brasileira: a lei do código de defesa do consumidor obriga as empresas a deixarem os valores expostos para o cliente. Uma outra característica importante para uma empresa de luxo é o fato de não utilizar a comunicação para promoções e descontos dos seus produtos, pois, novamente, não é o valor que vai atrair o seu público-alvo. Todavia, essa utilização pode trazer como consequência a descaracterização da marca para o atendimento à classe C.

As comunicações do luxo estão repletas de codificação social – que devem ser decodificadas pelos clientes –, dando ênfase, equilibradamente, à imagem do criador, da marca e da instituição, além do produto propriamente dito. Por exemplo: a presença do criador (fundador original da *Maison* ou o estilista/designer, alçado à condição de estrela) demonstra que a criação e a exclusividade são importantes forças motrizes. Contudo, as campanhas de luxo, com a sua alta qualidade artística, não têm uma relação direta no impacto das vendas – o intuito é despertar o desejo nos seus clientes.

A importância da comunicação está no fato de o valor das marcas de luxo dependerem mais da qualidade de suas imagens do que do seu reconhecimento, por isso, há que se tomar os devidos cuidados para que ela não venha prejudicar a marca, caso não tenha a qualidade suficiente para transmitir a mensagem correta ao seu consumidor. Assim como uma excelente campanha, que consegue transmitir perfeitamente os valores da marca e sensibilizar o desejo do cliente, deve optar por um bom tempo de divulgação.

Uma questão na comunicação que causa muita discussão é quando a responsabilidade de passar a mensagem é confiada a uma celebridade. Algumas empresas, simplesmente, preferem não atrelar sua imagem às celebridades por acreditarem que a marca seja mais forte e atrativa do que um artista ou cantor – além do fato de ela ficar vulnerável à filosofia de vida deles – já que uma marca busca ser desejada pelo que ela é, e não pelo fato de uma determinada pessoa provocar o desejo nas demais. Já outras marcas usam o que Jean Noel Kapferer, autor de *The Luxury Strategy*, chama de "uso do ordinário pelo extraordinário", que seria colocar uma personalidade extraordinária usando um produto, também considerado extraordinário, no seu dia a dia. Um exemplo foi quando a Louis Vuitton utilizou em sua campanha personalidades como o ex-presidente soviético Mikhail Gorbachev e o guitarrista dos Rolling Stones, Keith Richards.

Atualmente, a qualificação das campanhas é um grande diferencial devido ao encarecimento da mídia e ao desenvolvimento de novas técnicas de comunicação, como o *e-commerce, e-marketing* e o *marketing* viral. Por isso, a chamada comunicação integrada de *marketing* está sendo usada no intuito de equilibrar os recursos e harmonizar-se com as diversas possibilidades de comunicação.

Diante disso e da resistência cada vez maior à comunicação tradicional do *marketing* e do maior acesso à tecnologia da informação, é que o "boca a boca" se tornou uma das ferramentas mais importantes para o *marketing* do luxo. Ele é usado, de forma mais frequente, quando o produto é complexo e difícil de avaliar por critérios objetivos; normalmente, as avaliações de outros clientes são consideradas mais confiáveis do que as sugestões dos canais tradicionais de *marketing*. No entanto, vale ressaltar que as ações de *marketing* visando aproximar consumidores com interesses comuns, encorajando conexões entre eles, são cada vez mais importantes para produtos e serviços de prestígio.

5.2 ONDE ANUNCIAR NO BRASIL?

No Brasil, a comunicação das marcas de luxo é realizada em revistas que têm uma relação com esse segmento, como as especializadas em moda: *Vogue* e *Marie Claire*, por exemplo. Essa opção pelos meios que serão utilizados para realizar a comunicação, além da escolha da própria comunicação, é feita pela matriz da marca, que definirá toda a estratégia no *website, design*, eventos mundiais, desfiles, entre outros. Isso é percebido se analisarmos as revistas desse segmento e verificarmos que há poucas propagandas, já que elas são desenvolvidas pela matriz, que é cautelosa com a imagem passada, e por isso o seu desenvolvimento é para uso local. Não existem programas de televisão voltados para o consumidor do luxo. O programa Amaury Jr. é o único nesse segmento.

No Brasil, as mídias consideradas mais eficientes são: revistas, eventos, relações públicas, internet e jornais. Dentre os principais veículos que as empresas do luxo utilizam para anunciar no Brasil, estão as publicações: *Isto é Platinum, Cool, Go Where, Luxus Magazine, Audi Magazine, Daslu, Iguatemi, Elle, Folha de São Paulo, O Estado de São Paulo, O Globo, Caffé Magazine, Elite, Época Luxo, Golf Life, Iate Life, Joyce Pascowitch, Luxos, Marie Claire, Oscar, Polo, Polo Life, Public, Robb Report, RSVP, RG, SJP, Spresso, Versatille, Veja Luxo, Vogue* e *Wish Report*, além dos *sites* Chic, Glamurama e Vogue online.

5.3 MÍDIAS SOCIAIS E E-COMMERCE NAS MARCAS DE LUXO

5.3.1 – MÍDIAS SOCIAIS:

A internet vem ganhando força na estratégia de *marketing* das empresas. Segundo a pesquisa da GFK/MCF, dentre as empresas pesquisadas, 61% fizeram uso de redes sociais para divulgação em 2010, sendo 98% das ações realizadas pelo Facebook. O *Twitter* aparece com 71% e o *Orkut* com 13%. O Facebook é um dos principais veículos de comunicação para as empresas, devido ao grande número de usuários ativos no Brasil (mais de 40 milhões em 2012) – a Louis Vuitton, por exemplo, tem mais de dois milhões de fãs em sua página oficial (*fan page*).

Antes as marcas falavam e os consumidores ouviam; hoje é o contrário: através das mídias sociais, o cliente deixou de ser um mero ouvinte e passou a expor a sua opinião. Para se ter uma noção da relevância da opinião do consumidor nos dias atuais, imagine uma opinião sobre um restaurante emitida por Matheus Mazzafera, que possui mais de 7 mil assinantes no Facebook. A proporção de um comentário pode prejudicar a imagem do estabelecimento.

As mídias sociais devem ser vistas como algo mais relevante do que um canal tradicional de comunicação: elas são um grande canal de gestão de relacionamento, onde é possível falar diretamente com o consumidor. Na medida em que estabelece essa definição, a marca de luxo precisa manter os valores de relacionamento que já possui e trabalhar os que deseja construir.

Vale ressaltar a necessidade de se ter um plano de implementação sólido, com objetivos definidos e claros.

Algumas regras:
1) Conte a história da marca;
2) Fale para aonde sua marca está indo no futuro;
3) Crie um equilíbrio entre *design* e funcionalidade;
4) Resista à tentação de dar mais importância à tecnologia do que ela merece;
5) Não abale a confiança dos seus clientes dividindo seus dados com outras empresas ou mandando *e-mails* com informações irrelevantes;
6) Seja cuidadoso com ações como concursos ou promoções, que podem diminuir o valor da sua marca;
7) Invista no posicionamento das ferramentas de busca da internet.

Definitivamente, o Facebook virou uma mania nacional, e a constatação disso está no número de brasileiros usuários, que passou de 8,8 milhões em 2010 para 46,3 milhões em 2012 (23% da população brasileira). Com isso, o Brasil assumiu o 2º lugar no *ranking* mundial do Facebook, que tem os Estados Unidos em 1º, com 157 milhões de usuários, e ultrapassou a Índia, que ficou na terceira colocação, com 45,7 milhões de usuários. Os números são da Socialbakers, uma empresa especializada em mídias sociais.

Já no Twitter, de acordo com um relatório da empresa Semiocast, os Estados Unidos também lideram, com 107,7 milhões de usuários; o Brasil vem logo em seguida, na segunda posição, com 33,3 milhões, na frente dos japoneses, que têm 29,9 milhões de usuários.

Mídias sociais específicas para consumidores do luxo:

A SMALL WORLD (ASW)

Criado em 2004, já conta com mais de 300 mil membros, mas, ainda assim, um "pequeno mundo" se comparado ao Facebook, que pode apresentar, em um só grupo, números semelhantes. O *site* capta uma rede de pessoas que estão ligadas por três graus de separação.

A ideia é atrair empresas para desenvolver seu *branding* com esse sofisticado e influente grupo de pessoas, que é formado por indivíduos interconectados, interessados e educados, que conhecem o mundo e procuram se relacionar com outras pessoas, buscando sempre informações confiáveis.

O ASW também promove eventos para os seus associados, como jantares, festas e acontecimentos culturais ao redor do mundo. Atualmente, o ASW está crescendo tanto que começa a receber críticas, uma delas está em limitar o número de membros para manter a sua exclusividade.

ELEQT (ex-ELYSIANTS)

O *slogan* do site já é um convite para se entrar em um mundo "mágico": "*Celebrate Life in Style*" (celebre a vida em grande estilo).

O *site* nasceu no Caribe, em 2008, e tem o objetivo de compartilhar estilos de vida. Com escritórios em Amsterdã, Hong Kong e Dubai, o *ELEQT* desembarcou em março de 2012 no Brasil. Cada membro dispõe de somente três convites, o que exige uma seleção rigorosa por parte deles (se um membro é eliminado, todo o grupo é convidado a se retirar, para transmitir confiança).

A rede funciona como uma página de recomendação social, onde os membros podem, rapidamente e da melhor forma, encontrar pessoas interessantes, lugares para ir e se comunicar com os amigos.

Loy Wanderley Jr. (diretor do ELEQT no Brasil), explica o perfil dos usuários: "Nossos membros usam o ELEQT para mostrar quem são, quais marcas eles gostam e se identificam, onde eles têm estado, quais locais preferem frequentar e quais entidades beneficentes eles apoiam. Podemos dizer que 52% deles são homens e têm entre 25 e 40 anos, e 48% são mulheres, sendo que a maioria tem entre 20 e 35 anos. Eles têm formação internacional, alta renda, são educados e poliglotas, adoram moda e tecnologia e estão atentos a marcas de luxo. Além disso, 64% têm uma renda anual de US$ 250 mil."

Os associados do ELEQT (130 mil associados no mundo, sendo 24 mil no Brasil) podem se conectar com outras pessoas, mas também com as marcas, *hotspots*, países e entidades beneficentes. Eles podem postar *blogs*, mensagem nos fóruns, ler as últimas notícias do estilo de vida luxuoso e se manterem informados sobre os eventos em suas áreas de interesses ou geográficas.

LUXURY SOCIETY

Essa rede social oferece uma ferramenta inteligente e conteúdo relevante que ajuda as pessoas no seu cotidiano, além de auxiliar nos relacionamentos profissionais. Apenas nas primeiras semanas de lançamento já contava com 2 mil membros.

Seu cofundador, Imram Amed, afirma: "Se você tem fãs na rede que falam entre eles e sobre a sua marca, é natural que sua fidelização seja reforçada e isso gera impacto em receita. Quando as pessoas afirmam que é difícil unir redes sociais a vendas elas estão certas, mas existe um ponto que estão esquecendo. Não estamos falando somente de vendas, mas de engajamento. A indústria do luxo se caracteriza pelos relacionamentos pessoais e, em um ambiente de expansão global, essa conexão pessoal se perdeu. As redes sociais exclusivas podem não substituir essas relações, mas fazer com que as empresas se sintam mais próximas do consumidor, novamente, assim como o cliente se sente mais próximo das suas marcas preferidas".

5.3.2 – E-COMMERCE

Esse canal de vendas está surpreendendo as marcas de luxo. Com números em plena expansão, o consumidor está cada vez mais confiante de que não há problemas em usar o seu cartão de crédito em compras *online* – o número de clonagens caiu bastante –, impulsionando as compras pela internet. Hoje em dia, o consumidor tem tanta informação a sua disposição, que, muitas vezes, ele já entra na loja sabendo o que quer. No caso dos automóveis, o consumidor, às vezes, sabe melhor as especificações do veículo do que o próprio vendedor.

Com uma demanda alta de produtos de marca, os *outlets* virtuais aparecem como uma alternativa para quem quer economizar e fazer boas compras: no Brasil, *sites* como Brands Club e Coquelux são exclusivamente acessados por clientes cadastrados e oferecem marcas de luxo e itens de grife já esgotados na loja, a preços promocionais, com descontos de até 70%. Para fazer parte desse seleto clube social é preciso ter um convite.

5.4 EVENTOS

No Brasil, os eventos têm sido uma poderosa tática para que as empresas de luxo se relacionem com o seu cliente, atraindo, cada vez mais, o seu público-alvo – eles já representam, em alguns casos, 77% das ações de comunicação de uma empresa. As marcas perceberam que precisam proporcionar um momento único para os seus clientes, melhorando e estreitando ainda mais a relação com eles. Um bom exemplo é o evento promovido anualmente pelo grupo LVMH, chamado Promenade Chandon, para divulgar a marca Chandon entre os seus consumidores. Esse tipo de evento foi idealizado no sul da França e replicado no Brasil a partir de 2007, sendo um grande sucesso e gerando um volume grande de mídia não paga. No Brasil, ele ocorre no mês de agosto, no quadrilátero de ouro, que compreende as ruas Oscar Freire, Bela Cintra e Haddock Lobo. Em 2011, esse evento reuniu 33 grifes de luxo, 20 restaurantes e mais de 8 mil pessoas.

O evento da Promenade Chandon, por envolver moda, gastronomia, entretenimento, música e arte, é um convite a um passeio prazeroso por um local cuja atmosfera cenográfica contagia a todos os que por lá transitam. Se tem um evento que traduz o que a Chandon pretende ser é a Promenade Chandon.

A Cartier também realiza eventos exclusivos para os seus clientes, registrando as datas importantes dos seus consumidores, como o aniversário e a data de casamento

A Oma Tees, marca exclusiva de camisas de luxo, causou comoção no Fashion Night Out, de 2011, ao trazer uma coruja para ser fotografada com os seus clientes.

A Hugo Boss, aproveitando que é patrocinadora oficial da McLaren, organizou um evento exclusivo para os seus clientes onde havia um carro de Fórmula 1 no meio da festa e o DJ era o atual piloto da escuderia, o inglês Lewis Hamilton.

CAPÍTULO VI

DISTRIBUIÇÃO DOS PRODUTOS E SERVIÇOS DE LUXO NO BRASIL

NESTE CAPÍTULO, será avaliada a importância da distribuição de um produto para a qualificação dele como luxuoso; também será observado onde estão localizados os produtos de luxo pelo país e, mais especificamente, quais cidades lideram esse mercado.

No mercado do luxo brasileiro, a distribuição, que embora tenha melhorado, ainda continua limitada, tornando-se uma barreira para as empresas se estabelecerem aqui. Isso é um entrave, porque a distribuição dos produtos é o que proporciona legitimidade e personalidade à marca, portanto, é imprescindível na gestão de uma marca de luxo. Além disso, é a relação direta entre a rede de distribuição selecionada conforme as qualidades globais do produto e sua gama de preços que consolidará a imagem desse produto ou a notoriedade de sua marca.

Normalmente, as marcas de luxo possuem um sistema de distribuição internacional, afinal, se os negócios do luxo exercem atividades no mundo inteiro, nada mais coerente que realizar uma distribuição que siga os padrões da matriz da marca, através de um produto com a mesma qualidade, tanto em uma loja nos Estados Unidos quanto em uma no Japão. Essa qualidade mantida é importante para assegurar a valorização da marca e do produto, sendo, portanto, fundamental à qualidade do *merchandising* em lojas próprias ou nos espaços em lojas multimarcas ou franquias.

A distribuição de um produto também tem a ver com a acessibilidade ao artigo, já que quanto mais seletiva for a distribuição, mais inacessível serão os objetos de luxo, tornando-se raros e até peças únicas. Através desse sistema de distribuição, os produtos serão considerados luxuosos, o que, consequentemente, influenciará na escolha do cliente em razão da exclusividade do artigo e da marca que o promove. No entanto, na distribuição deve haver uma relação intrínseca com as especificações do produto ou da marca, ou seja: para uma distribuição extremamente seletiva, deverá haver um produto de inquestionável e altíssima qualidade. Um exemplo é a marca Jaguar no Brasil, que tem apenas um representante exclusivo para os seus veículos luxuosos, enquanto nos Estados Unidos, na Europa e em outros locais no exterior, possui uma distribuição mais abrangente.

Esse tipo de distribuição está de acordo com a natureza do segmento, e possui as especificações de seu mercado. É o caso da alta-costura, que é totalmente cativo, onde os modelos são apresentados as clientes nos salões da *maison* e elaborados em ateliês próprios. Outro caso é o da joalheria, que é muito seletivo, onde as peças produzidas pelos ateliês são vendidas em diferentes lojas, próprias ou em franquias. Assim como a joalheria, os objetos de decoração também são seletivos, já que as peças mais especiais são confeccionadas nas fábricas das marcas e vendidas em lojas próprias ou franquias. Por fim, outra atividade muito seletiva é a marroquinaria e bagageria, cujas peças mais raras e caras (malas de viagem ou modelos fabricados sob encomenda) são vendidas apenas nas *flagship stores* das marcas, como ocorre na Hermès e Louis Vuitton.

6.1 COMO OCORRE A DISTRIBUIÇÃO DOS PRODUTOS E SERVIÇOS DE LUXO NO BRASIL

A localização de uma marca de luxo é tão importante que, dependendo do local escolhido, pode afetar todo o negócio e a imagem da marca. Por isso, a localização de uma loja é fundamental para o mercado do luxo, pois envolve toda a infraestrutura oferecida pelo ponto de venda, para que o negócio se desenvolva de maneira apropriada. É nesse sentido que as grifes optam por locais nobres (na maioria das vezes, onde outras marcas de luxo estão estabelecidas), situados em espaços de prestígio, os quais as classes mais altas já frequentam.

Aliás, um pré-requisito para que as marcas de luxo estabeleçam o seu negócio em um local é o fato de ele ser exclusivo e estar nos bairros mais elegantes da cidade. Para tanto, o local exercerá um papel de reforço perante o público-alvo, agregando valor à marca e aumentando seu *status*. Essas localizações privilegiadas atraem um tipo de público específico que realmente está interessado e encantado pela marca.

Uma outra questão a ser destacada quanto ao ponto é a sua relação com a distribuição – como já foi visto, qualifica um produto como exclusivo – já que faz parte da estratégia das empresas o controle dos pontos de venda, e mesmo a sua posse, para que fortaleçam as suas marcas, gerenciem o *mix* de produtos, definam o *merchandising* de acordo com o perfil dos clientes e os dados sobre vendas e padronizem a experiência de proporcionar uma compra sublime em suas lojas. Entretanto, há marcas de luxo que não possuem lojas próprias, tornando-se dependentes dos pontos de venda independentes, o que dificulta gerenciar um *mix* híbrido de canais, tanto em termos de serviços quanto no *mix* de mercadorias e lucratividade. Por essa razão, há uma forte tendência de maior controle e menor variedade dos canais de distribuição. Uma outra saída para essa questão é o investimento que muitas marcas fazem nas chamadas *flagship stores* (lojas-conceito), onde mostram um estilo de vida ligado à marca, fortalecendo a sua imagem e apresentando toda a gama de produtos em um ambiente de vendas interessante e atrativo para o consumidor.

De modo geral, para as lojas desse tipo de segmento, há duas opções de localidades para se estabelecerem: em ruas tradicionais ou em belos e modernos *shoppings*. No Brasil, diferentemente da Europa e Estados Unidos, não há lojas de departamento.

No que se refere às ruas tradicionais, vale a pena registrar uma peculiaridade ocorrida em São Paulo. Durante a década de 1960 e 70, a rua Augusta era o lugar onde poderíamos encontrar lojas de roupas finas, peças de decoração e joalherias; entretanto, devido ao crescimento demográfico desordenado e à falta de políticas públicas urbanas, esse centro comercial perdeu o seu *glamour* e se tornou uma área de comércio popular e barato. Essa transformação na área tornou necessária a busca por um novo local: a rua Oscar Freire, situada no quadrilátero de ouro dos Jardins. No início, as melhores lojas foram se instalando e, logo, o espaço se tornou o endereço de lojas, restaurantes e cafés de luxo, ficando conhecida como um local badalado, com casas noturnas, e por ser o ponto de encontro de intelectuais e políticos da época. A partir da década de 1990, através da abertura das importações no país, a rua começou a receber as melhores grifes do mundo.

Atualmente, a Oscar Freire, em São Paulo, é uma das poucas ruas que ainda mantém o comércio de rua e é onde encontramos as melhores marcas de luxo, nacionais e internacionais. Essa transição da rua Augusta para a rua Oscar Freire é um exemplo bem elucidativo quanto à importância do lugar no qual uma loja irá se estabelecer.

Outro local para as lojas de luxo se estabelecerem são os *shoppings*, que atraem cada vez mais clientes no país, devido à agilidade de locomoção interna, estacionamento para um grande número de veículos, além da facilidade de se poder comprar, em um único espaço, em várias lojas diferentes. E, como bônus, os clientes podem transitar em um ambiente mais seguro, com restaurantes, cinemas, teatros e até *spas*.

O fator segurança ainda pesa muito no Brasil. A Tiffany, por exemplo, manteve por muitos anos uma loja na rua Haddock Lobo, que acabou migrando para o *shopping* Cidade Jardim – que, apesar de toda segurança, sofreu dois assaltos a joalherias em um mês, sendo a Tiffany uma das vítimas no primeiro assalto. Se assaltos acontecem até em *shoppings*, com todo o seu aparato de segurança, imagine em uma loja de rua... sem contar que a experiência de compra de um produto de luxo tem de ser do início ao fim: sair na rua com uma sacola de compras de uma joalheria famosa, deixa o consumidor de luxo muito mais vulnerável do que se ele estivesse em um *shopping center*.

Para uma marca de prestígio entrar no mercado do luxo no Brasil, não haverá problema: todos os acessos serão abertos e as dificuldades, na importação, minimizadas. Já para uma marca de médio e pequeno porte, que embora tenha até algum prestígio, os riscos e o entendimento de como funciona o mercado fazem elas procurarem um parceiro local. Na realidade, essa prática foi utilizada por muitas marcas de luxo, porém, com o crescimento dos mercados emergentes, a opção foi retirar a licença e operar direto no Brasil.

Esse foi o caso da marca Burberry – uma das primeiras a utilizar parceiros no Brasil e depois voltar com operação própria – que abriu sua primeira loja oficial em março de 2010 no *shopping* Iguatemi de Brasília.

Outro caso é o da marca Armani: em 2011, após atuar no Brasil durante vários anos através de seus parceiros brasileiros, anunciou que iria assumir a operação no país. Essa ação das empresas vem sendo cada vez mais frequente e tornando-se uma tendência.

6.1.1 *CASE* HUGO BOSS

A famosa marca foi fundada em 1923, após o fim da Primeira Guerra Mundial, na cidade de Metzingen, nas montanhas da Suábia, no sul da Alemanha, pelo alfaiate vienense Hugo Ferdinand Boss. Inicialmente, era uma pequena loja de roupas que comercializava uniformes, macacões, vestimenta para trabalhadores e fardas militares. Enquanto o país enfrentava uma difícil crise econômica, a empresa crescia. Rapidamente, tornou-se um especialista em uniformes e capas de chuva e, logo, a loja se transformou em uma pequena fábrica. Porém, sete anos depois, a empresa paralisou suas atividades devido à instabilidade econômica que se vivia no país durante o período de pós-guerra. Mesmo ameaçado constantemente pela bancarrota e várias dificuldades financeiras, ele não desistiu do seu ganha-pão e reviveu o negócio em 1931, quando associou-se ao partido Nacional Socialista. A partir de 1933, com a popularidade crescente de Adolf Hitler, começou a confeccionar os uniformes militares do Terceiro Reich, em especial os da SS. A empresa lamenta o seu passado nazista e, em 2011, emitiu um comunicado pedindo desculpas aos trabalhadores poloneses e franceses que trabalharam como escravos na fábrica da marca, na época da guerra.

A grife chegou ao Brasil em 1988, trazida pelo ex-piloto Emerson Fittipaldi, campeão da Fórmula 1 e Indy, que era um dos parceiros comerciais da empresa no Brasil. Nesse período, como o país ainda estava fechado para importações, a maior parte das peças eram fabricadas aqui, em vez de serem importadas, como ocorriam com seus concorrentes. A partir de 2002, a marca alemã entrou em um período turbulento no país, no qual sofreu com o fechamento de lojas e brigas com os franqueados. Isso ficou claro, em 2003, quando a maior loja da grife, na rua Haddock Lobo, nos Jardins, fechou. Foi a prova concreta dos diversos erros estratégicos da marca. O primeiro foi expandir sem critérios. A marca chegou a ter 20 franquias, vendeu seus produtos em 80 lojas multimarcas e marcou presença em cidades que não tinham poder aquisitivo. Ademais, as peças da grife eram produzidas no Brasil por diversos fornecedores, dificultando o controle de qualidade. Aos poucos, a grife foi perdendo o *glamour* que os clientes buscavam, e foi ultrapassada por concorrentes, como Ermenegildo Zegna e Giorgio Armani. Em 2005, a operação foi reduzida a uma única loja em São Paulo, sendo que logo depois a empresa encerrou suas atividades no país.

A empresa voltou ao Brasil em 2008, com roupas importadas, sem trabalhar com o sistema de franquias, apenas com lojas próprias (a exceção é uma loja no estilo *outlet* em Porto Alegre).

Filosofia:
"*I don't care how much you know until I know how much you care.*"

"Eu não me importo com quanto você saiba, até que eu saiba quanto você se importa!"

O segredo do sucesso é o detalhe nas pequenas coisas.

Vendas:
A maioria das compras são feitas com cartão de crédito.

Distribuição:
Tem o controle de toda operação.

Lojas próprias: Iguatemi São Paulo, *Shopping* Morumbi, Diamond Mall em Belo Horizonte, *Park Shopping* Brasília e Iguatemi Brasília; Iguatemi JK, Village Mall Rio de Janeiro (nov-2012), Riomar Recife (dez-2012), Outlet Premium

Iguatemi Porto Alegre (franquia). Lojas Multimarcas.

Comunicação:

Site em inglês e alemão.

Anúncios em revistas especializadas (*Wish Report*, *Vogue*, *Robb Report*, *Duty Free*, *Polo Yacht*, *Golf Life*, *GQ*, *Alpha*).

Facebook: página mundial com mais de 1 milhão de seguidores.

Twitter: com bastante conteúdo de fora para alimentar o canal.

Perfil do cliente:

Executivo que viaja, bem-sucedido, cosmopolita, jovem, dá valor ao produto de alta qualidade, tem uma consciência corporal e busca o sucesso na vida.

Executivos, médicos, advogados e publicitários são os *targets* principais.

Tem uma renda mínima de R$ 5 mil e *ticket* médio (gastos) de R$ 1.000,00 a R$1.500,00. Normalmente são oriundos, em sua grande maioria, de São Paulo e demais capitais.

Serviços para o cliente:

Cartão VIP para o Museu Guggenhein em Nova York e *Private Sales* para os melhores clientes.

Principais concorrentes:

Ermenegildo Zegna e Armani

A marca abriu 3 *boutiques* em 2012 (Shopping JK Iguatemi, em São Paulo; *Shopping* Village Mall, no Rio de Janeiro; e Riomar Recife) e tem planos de expandir para outros estados nos próximos anos.

A Hugo Boss entrou no Brasil há alguns anos e não se preocupou com as diretrizes do luxo, denegrindo a grife, a ponto de ter de fechar a operação no país. A mesma empresa voltou ao Brasil com novos gestores e vem crescendo em seu segmento. Pode-se afirmar que a marca aprendeu a lição de casa e agora é um *case* de sucesso.

6.1.2 *CASE* NK STORE

Em 1997, aos 21 anos, cursando a faculdade de arquitetura na FAAP, Natalie Klein, filha de um dos donos das Casas Bahia (uma das principais lojas de varejo do Brasil), notou a necessidade de uma loja de importados em São Paulo e abriu, então, uma *boutique* com um conceito diferenciado para clientes exclusivos. Assim nasceu a NK Store.

Tudo na loja tem o olhar e a supervisão de Natalie Klein. A loja é fiel ao gosto da proprietária: as roupas que são vendidas são peças que ela usaria. Hoje, possui cerca de 250 funcionários, divididos em áreas específicas: vendas, produção, criação, marketing e administrativo.

Filosofia:

A NK visa se diferenciar no mercado mundial através de seu comportamento de moda e *lifestyle*, valorizando e capacitando seus funcionários para atender seus níveis de excelência em produtos e serviços. Busca o crescimento sustentável, representando marcas internacionais e desenvolvendo as marcas nacionais.

Valores:

Cuidado, coerência, excelência em produtos e serviços e sinceridade.

Universo:

O universo NK é representado pelo ambiente, funcionários, roupas e acessórios comercializados.

Produtos:

2 linhas de roupas próprias:

NK – À venda somente nas lojas do Rio e em São Paulo, para manter o conceito de exclusividade.

Talienk – Encontrada em 65 pontos de venda (comercial e atacado) nas melhores lojas de São Paulo, Minas Gerais, Bahia, Espírito Santo, entre outras.

Marcas internacionais: Alaïa, Alexander Wang, Altuzarra, Aurelie Bidermann, Azzaro, Balmain, Blumarine, Catherine Malandrino, Celine, Current Elliott, Emilio Pucci, Fiona Paxton, Givenchy, Giambattista Valli, Isabel Marant, Issa, Lanvin, Malandrino, Marc by Marc Jacobs, Marc Jacobs, Moncler, Phillip Lim, Chloé, Courréges, Etoile, Haute Hippie, Kaufman Franco, Proenza Schouler, Stella McCartney, Sonia Rykiel e Seven.

Vendas:
70% vêm da linha nacional (NK e Talienk) e 30% das marcas internacionais.
A maioria das vendas são feitas através de parcelamento (em até 10 vezes sem juros).
Descontos somente para clientes VIP.
Private Sales para clientes selecionadas, um dia antes da liquidação, que ocorre na troca de cada coleção.

Comunicação:
Anúncios em revistas especializadas.
S*ite* com produtos selecionados, Facebook, Twitter e blog.
Filmes publicitários, campanhas, *look book* e mala direta.

Perfil do cliente:
99% são mulheres com idade entre 25 a 45 anos.
São, na maioria, profissionais liberais e possuem interesse por moda, música, artes, além de viajarem muito. Normalmente são oriundas, em sua grande maioria, de São Paulo, Rio de Janeiro e interior.
Ticket médio (gastos) é de R$ 2.600,00.

Serviços para o cliente:
Vendedoras atuando como consultoras, *personal stylist*, coleção entregue na casa do cliente, bar Veuve Clicquot, *personal service* (arrumação de mala e guarda-roupa).

Principais concorrentes:
Algumas clientes compram no exterior, devido aos valores serem mais atrativos. Não tem concorrentes diretos no Brasil, segundo o diretor de marketing Thiago Costa Rego, pois a loja oferece um conceito e uma experiência de "compra única".

Design da Loja:
Segue o estilo de Natalie Klein, com sua visão e gostos pessoais. Cores predominantes: preto, branco, cinza e bronze. Aroma exclusivo, muitas flores e *playlists* personalizadas, que são trocadas a cada coleção.

A NK começou em 2012 a vender pelo próprio site (*e-commerce*).

A NK é uma marca de luxo genuinamente brasileira, que se expande com cautela, mas de maneira firme e sólida. Um *case* de sucesso e um exemplo para as marcas que querem entrar nesse segmento.

6.2 ONDE ESTÃO OS ENDEREÇOS DE LUXO NO BRASIL?

6.2.1 SÃO PAULO
Rua Oscar Freire e seu quadrilátero
Inauguração: 1980.
Área: Da avenida Rebouças à rua Peixoto Gomide e da alameda Tietê à rua Estados Unidos, incluindo a Bela Cintra e Haddock Lobo.
Lojas: 240; público/dia: 30 mil.

Principais marcas: Empório Armani, Giorgio Armani, Cartier, Dior, Salvatore Ferragamo, Roberto Cavalli, Versace, Louis Vuitton e Montblanc.

Dentre os *shoppings* de luxo, destacam-se:

Shopping Cidade Jardim

Inauguração: abril de 2008.

Área: 36 mil m² de área construída; lojas: 180; público/dia: 25 mil.

Principais Marcas: Louis Vuitton, Rolex, Tiffany, Montblanc, Empório Fasano, Daslu, Giorgio Armani, Ermenegildo Zegna, Chanel, Hermès, H. Stern, Pucci, Jimmy Choo e Cartier.

Endereço: Av. Magalhães de Castro, 12.000 – Cidade Jardim.

Fundador: José Auriemo Neto.

Shopping Iguatemi

Inauguração: 1966.

Área: 120 mil m² de área construída; lojas: 330; público/dia: 48 mil.

Principais marcas: Bulgari, D&G, Empório Armani, Hugo Boss, Tiffany, Burberry, Louis Vuitton, Chanel, Gucci e Christian Louboutin.

Endereço: Av. Brigadeiro Faria Lima, 2.232 – Jardim Paulistano.

Shopping JK Iguatemi

Inauguração: junho de 2012.

Área: 116 mil m² de área construída; lojas: 240; público/dia (previsão): 20 mil.

Principais marcas: Bottega Veneta, Balenciaga, Miu Miu Hugo Boss, Chanel, Daslu, Ermenegildo Zegna e a primeira loja da Van Cleef & Arpels no Brasil.

Endereço: Avenida Juscelino Kubitschek, 2.041 – Vila Olímpia.

Especialidades

Automóveis importados: Avenida Europa – Jardim Europa.

Barcos e *jet skis*: Avenida dos Bandeirantes – Itaim Bibi.

Móveis e decoração: Alameda Gabriel Monteiro da Silva – Jardim Paulista.

6.2.2 RIO DE JANEIRO

Shopping **Leblon**

Inauguração: 2006.

Área: 100 mil m² de área construída; lojas: 240; público/dia: 20 mil.

Principais marcas: H. Stern, Tommy Hilfiger, Ermenegildo Zegna, Salvatore Ferragamo, Lacoste e Carlos Miele.

Endereço: Av. Afrânio de Melo Franco, 290 – Leblon.

Shopping **Fashion Mall**

Inauguração: 1982.

Área: 47 mil m² de área construída; lojas: 160; público/dia: 9 mil.

Principais marcas: Constança Basto, Alexandre Herchcovitch, Bang & Olufsen, Empório Armani, Enoteca Fasano, Ricardo Almeida, Missoni, Cris Barros, Osklen e Eduardo Guinle.

Endereço: Estrada da Gávea, 899 – São Conrado.

Shopping **Village Mall**

Inauguração: dezembro de 2012.

Área: 117 mil m² de área construída; Lojas: 125; público/dia: não divulgado.

Principais marcas: Burberry, Ermenegildo Zegna, Gucci, Montblanc, Carolina Herrera, Louis Vuitton, Hugo Boss, Cartier e Tiffany.

Endereço: Av. das Américas, 3.700 – Barra da Tijuca.

6.2.3 BRASÍLIA

Shopping Iguatemi Brasília

Inauguração: 2010.

Área: 117 mil m² de área construída; lojas: 141; público/dia: 35 mil.

Principais marcas: Ermenegildo Zegna, Hugo Boss, Ricardo Almeida, Christian Louboutin e H. Stern.

Endereço: SHIN CA 4 – LOTE A – LAGO NORTE.

CAPÍTULO VII
O PODER E A RIQUEZA
DE ALGUMAS CIDADES NO BRASIL

NESTE CAPÍTULO, será mostrado um panorama das cidades com potencial para o luxo. Para que se entenda o poder dessas cidades, será exposto o motivo do potencial delas e a relação dessas cidades, diante da infraestrutura, com a qualidade de vida da sua população. Em seguida, será avaliada a riqueza das cidades para que se possa entender a relação delas com o luxo. É em cima desses critérios, que compõem o presente e o futuro, que serão apresentadas as cidades do Rio de Janeiro, São Paulo e Brasília.

No gráfico a seguir, pode-se observar as demais cidades brasileiras, além de São Paulo e Rio de Janeiro, que fazem parte do futuro desse mercado do luxo.

O mercado brasileiro ainda é muito pouco explorado, já que 70% do mercado do luxo está concentrado na cidade de São Paulo. Por essa razão, após a apresentação da cidade mais rica da América do Sul, teremos um estudo comparativo dessa cidade com as principais metrópoles globalizadas do luxo mundial: Nova York e Londres.

Figura 16: Principais cidades promissoras no Brasil (excluindo São Paulo e Rio)

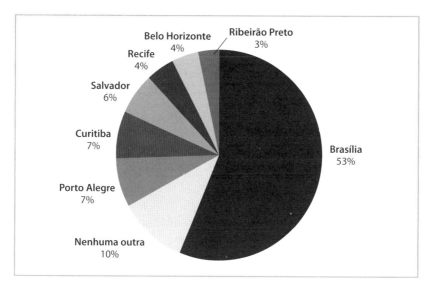

Fonte: GFK, MCF, 2010

7.1 CASE DONA SANTA:

Em 1995, Recife era carente de um espaço capaz de rastrear e oferecer, localmente, as melhores marcas e novidades da moda. Curiosas e cidadãs do mundo, Lília e Juliana Santos perceberam esta oportunidade e criaram a Dona Santa, cujo nome é uma homenagem à rainha do maracatu. Inicialmente, a empresa possuía apenas 570 m² e era uma butique de multimarcas, exclusiva de moda feminina nacional.

Ao longo destes 17 anos, a Dona Santa aumentou significativamente o tamanho do seu espaço, passou a atender o público masculino (daí a criação do sufixo Santo Homem) e ganhou sofisticação nas coleções com a adição de grifes internacionais.

Desde 2004, a Dona Santa/Santo Homem está situada num ambiente de 1.600 m², em localização privilegiada do bairro nobre de Boa Viagem, zona sul de Recife, e reúne as mais consagradas marcas nacionais e internacionais, representando um verdadeiro patrimônio *fashion* que é referência, até mesmo, fora do país.

Filosofia:

Qualidade, atendimento de excelência e conforto traduzem o conceito criado pelas empresárias na forma de comercializar moda. Elas apostam na filosofia de que é preciso apresentar os melhores produtos, mas sem ostentação, num espaço aberto para todos os estilos.

Design da loja:

Instalada num espaço que respira contemporaneidade, dividida em quatro pavimentos, a loja chama atenção por seu projeto moderno, assinado pelo escritório Santos & Santos Arquitetura. Na entrada, uma espécie de túnel dá boas-vindas aos visitantes. A fachada com grandes vitrines convida a entrar e descobrir uma das melhores lojas do país.

Produtos:

Grifes nacionais femininas

284, Adriana Degreas, Alexandre Birman, Alexandre Herchcovitch, Anamac, André Lima, Andrea Marques, Artsy, Caio Vinicius, Carina Duek, Cat and Dog, Converse, Corporeum Club, Coven, Cris Barros, Dania Reiter, Daslu, FIT, Flor, Gloria Coelho, Huis Clos, Juliana Manzini, Lenny, Luiza Barcelos, Mabel Magalhães, Marcela B., Maria Garcia, Melk Zda, Ovo, PatBo, Patrícia Motta, Pedro Lourenço, Printing, Redley, Reinaldo Lourenço, Richards, Serpui Marie, Talie NK, Triya, Tufi Duek, Vania Nielsen, Vivaz e Vix.

Grifes internacionais femininas

7 For All Mankind, Armani Jeans, Diesel, Fendi e Lacoste.

Grifes nacionais masculinas

1st Level, Converse, Mandi, Redley, Reserva, Ricardo Almeida, Rockstter, Sergio K e The Week.

Grifes internacionais masculinas

7 For All Mankind, Armani Jeans, Calvin Klein, Diesel, Ermenegildo Zegna, Fendi, Gant, Hugo Boss, Lacoste, Penguin e Vilebrequin.

Comunicação:

Facebook, Twitter, Instagram, site e blog.

Anúncios em revistas especializadas: *ffwMAG!*, *Joyce Moda*, *Joyce Poder* e *Revista Mensch*.

Perfil do cliente:

A clientela Dona Santa/Santo Homem é constituída, em sua maioria, por mulheres (68%) residentes em Recife (88%) com faixa etária diversa, porém, com maior foco entre os 36 e 50 anos. Estão situadas entre a classe social A1 e B1.

É interessante colocar que existe um público consumidor fora da área do estado, sendo que a cidade de João Pessoa é a terceira em número de clientes. Outro elemento importante é a representatividade do grupo de capitais formadas por Maceió, Natal e João Pessoa, cujo percentual de clientes corresponde a 7,58% do total.

Principais concorrentes:

Musa Maison, Adom e Empório HD.

Planos:

Apostando no crescimento constante dos mercados de luxo e *fast fashion*, a empresa acompanha estas evoluções simultâneas e se prepara para ambas, investindo em um conceito inovador. O novo espaço, no estilo "*Shop in Shop*", estará localizado em frente ao atual, e será um complexo de luxo com 5.000 m². O formato do *mall*, único no Brasil, trará marcas exclusivas e dispostas em lojas individuais, além de restaurante, centro de bem-estar, galeria de arte, área para eventos e outras novidades.

A Dona Santa é um exemplo de que o mercado do luxo no Nordeste tem um ótimo potencial e é uma grande promessa para os próximos anos.

7.2 SÃO PAULO

São Paulo é a sexta maior cidade do planeta e a mais populosa de todo o hemisfério sul do mundo, com pouco mais de 11 milhões de habitantes, segundo o censo de 2010. Ela é considerada a capital financeira do Brasil, por ser a mais rica do país e a 10ª de maior PIB do mundo, onde a maior parte dos negócios do país são fechados, além de sediar as grandes empresas que movimentam a economia nacional, como é o caso de 63% das multinacionais que estão estabelecidas no Brasil. A capital também é a mais influente no cenário global, sendo a 14ª cidade mais globalizada do planeta.

Os habitantes de São Paulo são os mais multiculturais do país e um dos mais diversificados do mundo com uma população de origem étnica italiana – há mais descendentes que em qualquer outra cidade italiana –, portuguesa, japonesa – a maior comunidade fora do Japão –, espanhola, libanesa e o maior contingente de nordestinos fora do Nordeste. No que se refere à qualidade de vida desses habitantes e à infraestrutura da cidade, há o IDH (índice que revela o acesso a saúde, educação e saneamento básico para a sua população). O IDH de São Paulo é de 0,841 (em uma escala que vai de 0 a 1), o 18º maior do estado e o 68º do Brasil. Esse índice mede os avanços alcançados na expectativa de vida, no acesso ao conhecimento (baseado na alfabetização e escolarização) e no nível de vida digno (baseado no PIB *per capita* associado ao poder de compra em dólares americanos).

Já no que se refere à educação, ela apresenta um índice muito elevado de 0,919 (o brasileiro é 0,841), ao passo que a taxa de analfabetismo indicada pelo último censo demográfico do IBGE foi de 4,9%, superior apenas a seis capitais brasileiras. O seu índice de longevidade é de 0,761 (o brasileiro é 0,638) e o de renda é de 0,843 (o brasileiro é 0,723), sendo sua renda *per capita* de R$ 32.492,96.

Um outro problema que é fruto do crescimento populacional e da riqueza da cidade é a quantidade de veículos, que, em janeiro de 2012, era de 7,207 milhões, o equivalente a 0,655 veículo por habitante, tornando-o um dos municípios com o maior número de carros por habitante, já que a taxa média brasileira é de 0,24. Já a frota de táxis é a terceira maior da América Latina (32.607). Esse volume de veículos, que por um lado revela o enriquecimento da cidade, cria problemas sérios de engarrafamentos nos horários de pico.

Apesar desses gargalos, que devem ser corrigidos como em qualquer grande cidade, São Paulo, que fez parte da história política e econômica do país, é um centro cultural do Brasil, sendo praticamente um museu a céu aberto, com bairros e edifícios de incalculável valor histórico. A cidade tem uma enorme variedade de museus e galerias de arte, que possuem acervos dos mais variados estilos, da arte sacra à moderna, além de curiosidades sobre ciência, política, religião, entre outros temas. Entre os museus mais famosos da cidade, temos: Museu de Arte de São Paulo (MASP), Museu de Arte Moderna de São Paulo (MAM), Museu de Arte Contemporânea da Universidade de São Paulo (MAC), Museu Brasileiro da Escultura (MuBE), Museu do Ipiranga, Museu de Arte Sacra, Museu da Língua Portuguesa, Pinacoteca do Estado de São Paulo, entre outras instituições de renome. Além de abrigar um dos cinco maiores parques zoológicos do mundo, o Parque Zoológico de São Paulo. No ponto de vista da educação de nível superior, São Paulo conta com uma universidade pública de renome nas Américas, a USP, que é responsável pela formação do maior número de mestres e doutores do mundo.

A cidade de São Paulo é conhecida como a cidade que não para: de acordo com a International Congress & Convention Association (ICCA), a cidade ocupa o primeiro lugar entre as cidades que mais recebem eventos internacionais no Continente Americano, sendo a 12ª posição no mundo. Esses eventos são de grande relevância para o país, como: o Salão do Automóvel de São Paulo, o São Paulo *Fashion Week*, o Grande Prêmio do Brasil de Fórmula 1, a Bienal do Livro de São Paulo, entre outros.

Além disso, a cidade tem grande prestígio na América Latina por, desde o começo do século XX, ser o principal centro econômico da América Latina. São Paulo tem alguns centros financeiros pelo seu território, sendo o principal e mais famoso deles a Avenida Paulista, que abriga sedes de bancos, multinacionais, hotéis e consulados. Há outros pontos da cidade que são destaque, como: a avenida Brigadeiro Faria Lima e os bairros do Brooklin e Vila Olímpia, na região oeste da cidade, que se destacam pela modernidade na presença de hotéis de luxo e empresas multinacionais.

A capital paulista, segundo pesquisa da consultoria Mercer sobre o custo de vida para funcionários estrangeiros, está entre as dez cidades mais caras do mundo, classificada na 10ª posição em 2011, 11 postos acima da sua classificação de 2010, e na frente de cidades como Londres, Paris, Milão e Nova York. Além disso, a cidade cresce e, com isso, encarece num ritmo tão forte que o luxo ganha cada vez mais relevância na cidade, a tal ponto que, consoante a *Mystery Shopping Internacional*, a rua Oscar Freire foi eleita uma das oito ruas mais luxuosas do mundo. A cidade de São Paulo, conforme a listagem da revista *Forbes*, também é considerada a sexta cidade do mundo em número de bilionários.

Enfim, São Paulo é a principal cidade do país e é a cidade que levará o Brasil para o futuro. Em 2025, será a 5ª ou 6ª cidade mais rica do mundo, quando terá 21,4 milhões de habitantes, tendo nesse período o dobro do PIB, com US$ 782 bilhões, superando Paris e Londres, por exemplo. Para o segmento do luxo, São Paulo é a principal cidade brasileira, por representar 70% do mercado brasileiro do luxo, devendo crescer mais 35% nos próximos 5 anos.

7.2.1 COMPARANDO SÃO PAULO COM NOVA YORK

Para tentar explicar qual é a concxão entre o luxo e a cidade de Nova York, é preciso pensar no termo exclusividade. Ele pode ser entendido como algo difícil de ser reproduzido. E é por isso que exclusividade é um dos pilares do luxo. É com esse filtro que podemos refinar o olhar para descobrir o que se encontra em NY que não há em outras metrópoles mundo afora.

Diante da pergunta "O que é luxo em NY", obtive respostas interessantes e polarizadas, como: "not having to wait" ou, não ter de esperar, e, na outra ponta, ter a sua disposição a combinação de todas as marcas de luxo disponíveis no mundo todo, num só local, ou, simplesmente, luxo é o Central Park. Aqui está uma pequena amostra de como se tenta definir o luxo de uma forma ampla – não só em NY: o material é tangível, pode ser medido e calculado, e, do outro lado, há o imaterial, intangível, subjetivo. E, continuando na busca para encontrar o que mais personifica o luxo em NY, é preciso seguir o caminho dos dois polos: o visível, que pode ser medido e calculado; e o que está escondido, que está no detalhe, pouco acessível por não ser tão óbvio.

O visível está nos seus hotéis tradicionais e hotéis *boutique*, com seus *lounges* e *rooftops* que encantam no verão ou são igualmente elegantes no inverno. Está nas lojas de departamento e em suas avenidas luxuosas, como a Madison e a 5ª Avenida, e também em seus muitos parques arborizados e seguros. Está na ampla oferta cultural, com inúmeros museus, salas de espetáculo, temporadas de concertos, óperas e *ballets*, ou nas incontáveis galerias de arte. Está em seus clubes privados de arte, como o National Arts Club, no coração da sofisticada vizinhança do Gramercy, ou de entretenimento, como o Soho House. Está nos bairros descolados, como o Soho ou o West Village, ou mais recentemente o East Village – até que uma nova área seja eleita como a mais descolada –, povoados com restaurantes óbvios ou não, com seus prédios de tijolo à vista e os famosos *walkups*. O próprio Soho traz uma combinação charmosa da maioria das marcas encontradas nas lojas de departamento, e um pouco mais. É um *shopping* a céu aberto, um comércio de rua que abriga lojas ícone como a *flagship* da Prada. Inaugurada em 2001, foi um projeto do *designer* Rem Koolhaas, que custou US$ 40 milhões, para uma área de aproximadamente dois mil metros quadrados onde funcionava um braço do museu Guggenhein do Soho. No lado oposto está a unidade principal da cadeia de cafés Dean e Delucca, um misto de mercearia e café, com uma oferta riquíssima de artigos que vão desde flores comestíveis a uma boa oferta de sal trufado. A poucas quadras esbarra-se numa livraria local como a McNally, com um café charmoso com livros pendendo do teto, e chega-se a um daqueles restaurantes quase secretos, apertados e barulhentos, mas com uma cozinha exótica e deliciosa, como o Café Gitane. E não há como não mencionar as inúmeras galerias de arte do bairro. É o luxo do melhor perto do melhor.

Seguindo a lista dos hotéis *boutique*, há outros no próprio Soho, em Tribecca, no revitalizado Meatpacking District e até no Lower East Side. Usar os elevadores do Standard Hotel é uma experiência lúdica. O elevador leva a um dos *rooftops* mais disputados da cidade. Mais acima, o Gramercy Park Hotel fica numa área predominantemente residencial, sofisticada e com alta população de bons restaurantes, como o Gramercy Tavern, e um dos parques mais charmosos da cidade, que dá nome ao hotel, o Gramercy Park. Sua decoração suntuosa, com cristais e veludos em cores vibrantes, com um design sofisticado, que brinca com móveis feitos à mão e peças de artistas de épocas diversas, é uma combinação poderosa de requinte e modernidade. Ainda mais ao norte da cidade, o 52º andar do Hotel Four Seasons abriga a Ty Warner Penthouse. Trata-se da cobertura desenhada pelo arquiteto Im Pei para o magnata Ty Warner, com investimento de US$ 50 milhões, e é a suíte de hotel com a diária mais alta do mundo. Especula-se que gira em torno de US$ 35 mil (segundo o *Wealth Bulletin*), e oferece uma vista panorâmica de 360 graus de toda a ilha de Manhattan, desde o Central Park até a Estátua da Liberdade. O tradicional The Mark, no Upper East Side, área que abriga alguns dos melhores e maiores museus do mundo, oferece um restaurante como o Jean Georges. É possível morar no hotel, em um dos apartamentos que valem algumas dezenas de milhões de dólares. Ainda mais luxuoso é o The Carlyle, preferido daqueles que apreciam arte, luxo, o charme do velho mundo e sofisticação.

Segue pelas lojas de departamento, com uma profusão de marcas de luxo e vendedores dispostos a atendê-lo prontamente no estilo da cidade, sem rodeios e pragmático, sem cafezinho. Aqui se encontra desde um restaurante aconchegante, como o Fred's, na Barney's, ou caixas de algodão da Chanel na Bergdorf Goodman, onde uma parada no café ou no restaurante oferecem uma agradável vista do Central Park. Aqui, na parte norte de Manhattan, Upper East ou Upper West Side, há apartamentos com vistas deslumbrantes e numa das vizinhanças mais seguras do mundo, que facilmente atingem valores de dezenas de milhões de dólares. Voltando ao sul de Manhattan, um apartamento de aproximadamente 500 m² no Soho, com pé direito de 5 metros, e vista espetacular incluindo o Empire State Building, pode chegar a custar US$ 50 mil por metro quadrado.

Restaurantes de chefes premiados? Sim, há inúmeros. O mais recente está na área do Lincoln Center e tem o renomado chefe Jonathan Benno, famoso por suas passagens pelo Per Se, Daniel, entre outros. Não espere cafezinho ou taças de espumante no atendimento das lojas. Aqui não há o luxo do tempo e da simpatia como a cidade de São Paulo vem fazendo. Mas se você estiver apressado em seus poucos dias de visita à cidade, certamente apreciará a praticidade no atendimento. É o não ter de esperar, que o nova-iorquino tanto aprecia. E, descendo a Madison, são pelo menos quinze quadras de *flagship stores* de conhecidas marcas de luxo, como Hermès, Valentino, Dior, Giorgio Armani, entre outras.

Na outra ponta, NY é muito mais do que os destinos turísticos conhecidos. Esconde a chance de se viverem experiências em cada detalhe. É seu lado intangível, que vem complementar, como num produto, a sua identidade. Nova York esconde achados por todos os cantos. De restaurantes disputados, àqueles escondidos nas ruazinhas do West Village, ou quando se cruza uma ponte e chega-se a um charmoso bairro, como Williamsburgh. Se tiver energia, pode-se cruzar a Ponte do Brooklin a pé, de bicicleta, ou mesmo correndo. Há bares escondidos em porões, sem sinalização na entrada. Visitar as ruas do Lower East Side e a primeira Deli, o Katz Deli, são programações desconhecidas do turismo tradicional, mas que encantam. Numa caminhada despretensiosa pela Broadway esbarra-se com parques que pipocam no verão: a Madison Square no cruzamento com a rua 23, a conhecida Union Square na rua 14, e, desviando-se um pouco, chega-se na encantadora Washington Square. Do outro lado, no Upper East Side, uma caminhada inocente pela Madison pode ser ainda mais prazerosa quando temos tempo para desfrutar um café numa conhecida cafeteria, na altura da rua 66. E por ali, dividindo o Upper East e o Upper West, encontramos o unânime Central Park.

Na parte central, há mais pontos luxuosos cercando a Times Square na altura da rua 42. O Bryant Park, entre a 5ª e 6ª avenidas, é uma parada obrigatória para um café ou um brunch em um dos restaurantes do parque ou à moda da cidade – comprar sua refeição em alguma *delicatessen* da região e escolher um lugar à sombra das árvores gigantescas. Num dia de trabalho rotineiro do nova-iorquino, vale a pena incorporar o estilo rápido da cidade enquanto se admira o verde do parque. A comédia *Uma Manhã Gloriosa* (*Morning Glory*, em inglês), estrelada por Harrison Ford e Diane Keaton, mostra os protagonistas fazendo reuniões frenéticas por ali. Ir ao cinema e reconhecer nos filmes os lugares por onde passou faz parte de experienciar NY. Como o personagem de Michael Douglas em Wall Street descendo na estação 66th Street, onde fica o Lincoln Center, destino cultural obrigatório. E por que não citar a cena inicial do filme Breakfast at Tiffany's, onde Audrey Hepburn saboreia seu café da manhã em frente à mais cobiçada joalheria do mundo, no mais característico estilo nova-iorquino? Em pé, café longo, americano. Este sim, não chega aos pés de nosso *espresso*. Aqui faço um parêntese para me referir aos charmosos cafés da cidade de São Paulo. Não espere encontrar muitos cafés como os que São Paulo oferece. Sim, há, mas ao estilo de NY, com atendimento rápido, alto giro, com sortimento amplo de produtos, para financiar um dos metros quadrados mais caros do mundo.

Seguindo ainda pela mesma rua 42, logo após o Bryant Park, está o magnífico prédio da Biblioteca Pública no cruzamento com a 5ª avenida. E, ainda mais imponente, um pouco mais adiante, está o prédio da Grand Central Station, completamente restaurado desde a sua construção em 1913, com cinco restaurantes, 50 lojas e butiques, além de funcionar como o coração de NY para o transporte público. Entre e desfrute de um *cappuccino* no Cipriani Dolci enquanto admira o amplo espaço.

O luxo está em todos estes detalhes e também nas experiências. Nos meses de verão os principais parques oferecem atrações, como transmissão de filmes ao ar livre. O Lincoln Center faz mostras de óperas na praça da fonte. Tudo gratuito, seguro e civilizado. Em uma de minhas visitas à cidade, descobri sem querer que uma das exposições em cartaz, num discreto local da sofisticada Park Avenue onde funciona o Spanish Institute, era a de Cristóbal Balenciaga. No Metropolitan Opera House, tudo encanta, com destaque para a subida dos lustres de cristal quando as cortinas se abrem marcando o início dos espetáculos. Já parou para ver as cores do Empire State Building diariamente, e saber o significado delas? Aqui mais uma pausa para voltar a São Paulo que, gradativamente, vai adicionando monumentos coloridos e luminosos a suas tradicionais torres, como a nova ponte estaiada.

A vista do Central Park e a vista do Parque do Ibirapuera. São Paulo e Nova York proporcionam espaços de verde limitados, exclusivos. O acesso a eles é democrático, a não ser quando se trata de ter uma das poucas vistas aéreas disponíveis, em frente aos parques, nos altos edifícios. São Paulo não fica longe quando diz respeito a valorizar suas áreas verdes. Em Nova York, calçadas largas reduzem o espaço das ruas, onde um número muito menor de carros circula. Os carros são substituídos por pedestres em calçadas com quase o dobro da largura das nossas. Isso faz os passeios a pé ficarem mais prazerosos. Uma cidade onde a locomoção é a menor das preocupações. Não só pelas menores distâncias, mas pela facilidade proporcionada por um sistema de transporte público desenvolvido e de custo acessível, mas, sobretudo, pela segurança. Isto para dizer que uma das maiores diferenças entre São Paulo e NY está na segurança, item escasso hoje em dia. Novamente, um dos pilares do luxo: a escassez. Indo mais além na análise, o metrô personifica duas das maiores diferenças: a conveniência e a segurança. Caminhar pelas ruas de Nova York a qualquer hora não é um problema de segurança. Somente o clima frio irá afastá-lo das ruas, mas não a segurança. Um luxo, perto do clima de insegurança que São Paulo vive hoje. Um outro luxo em NY é a conveniência, que reduz o uso do carro, e consequentemente diminui o trânsito e faz a vida ficar mais prática. E nos presenteia com mais tempo. O tempo, novamente, um artigo de luxo.

Mas onde está o luxo afinal? Está na democracia, no acesso, na segurança, no tempo, no anonimato de pessoas não consideradas comuns inseridas no mesmo contexto daquelas que se julgam comuns, por não terem o mesmo nome, origem ou recursos. Luxo, sim, a somatória de todas estas experiências que, somadas, uma a uma, enaltecem a grandeza e a democracia da cidade. A cidade pulsa, como São Paulo, Londres, Paris e Milão. É uma riqueza de ofertas onde a dicotomia entre o democrático e o disponível, o secreto e exclusivo, *east* e *west*, *uptown* e *downtown*, anonimato e total exposição, faz de Nova York a cidade mais cobiçada do mundo, e onde se diz que tudo acontece.

Ana Teresa Sampaio

"Ana Teresa morou por 2 anos em NY, onde vivenciou o pulso da cidade e conheceu o mundo *fashion* trabalhando em empresas de moda e luxo, e no NY Fashion Week. Com a sua característica incansável, fez o que fez, foi onde queria ir, e nos conta um pedacinho neste trecho do livro."

7.2.2 COMPARANDO SÃO PAULO COM LONDRES

Londres, a capital mais importante da Europa, pode até não ser uma cidade tão bonita e com o *glamour* de Paris, mas tem seus encantos e seu luxo. É uma cidade com 7 milhões de habitantes em uma ilha. É uma cidade única, onde o inovador e o ousado caminham na mesma calçada que o tradicional e o imutável, e o extraordinário é que parecem conviver em paz. Em uma caminhada pela cidade, notam-se cabelos de todas as cores, roupas de todos os estilos, executivos de cartola e guarda-chuva no braço, soldados vestidos como no tempo de Henrique VIII, carruagens reais, indianos, árabes, tribos *punks*, *darks* e simpáticas velhinhas se reunindo para o chá da tarde às 17h.

Andar pela Bond Street é um privilégio, pelo seu serviço impecável; embora não sejam simpáticos como no Brasil, possuem excelência em serviços, como a atenção e o cuidado com a disposição das roupas nas lojas. É visível a combinação da sutileza e elegância ao longo dessa rua. É imperdível a recém-renovada *flagship* da Louis Vuitton ou "Maison", com o primeiro bar em formato de bolsa que se movimenta, e uma interessante escada de vidro. Nessa região, é mais do que comum ouvir o inglês britânico com o sotaque de um rei.

Perto da Bond Street, mas sem tanto *glamour*, está a Oxford Street, que começa na Marble Arch e termina na Piccadilly Circus, possuindo também, ao longo da rua, grifes de luxo, como: Mathew Williamson, Stella McCartney, Smythson, Prada, entre outras. É nessa rua que fica a loja Selfridges, vendendo emoção, prazer e bem-estar através dos seus artigos que não são encontrados em São Paulo – isso sem falar nos encantadores momentos quando há mudança de vitrines e durante o período de natal.

Já a charmosa rua Jeremy Street é o lugar perfeito para se comprar ternos e gravatas, por agrupar marcas como Thomas Pink, Church's, Dunhill, entre outras. Em Knightbridge, está a Harvey Nichols, onde, no 5º andar, encontra-se um restaurante imperdível. E a Harrods? É um templo do luxo, onde pode-se encontrar muitas marcas de luxo em um mesmo lugar. A Harrods é um verdadeiro ponto de encontro dos mais variados artigos de luxo. Indo para o bairro Sloane Square, sente-se a liberdade e a riqueza através de grandes casas com uma arquitetura no estilo vitoriano, com muros baixos e sem segurança armada; também há prédios luxuosos onde, através de uma porta simples, tem-se acesso direto à rua. O Jardim Europa, em São Paulo, também abriga algumas das maiores mansões da cidade, porém, a maior parte delas tem muros altos e são protegidas por seguranças armados.

Além dessas ruas, que atraem pela concentração de estabelecimentos de luxo, vale lembrar algumas outras lojas luxuosas da cidade, como a Fortnum & Mason, que dá uma verdadeira aula de luxo, a começar pela sua vitrine. Na St. James Street há a Waterstones, que é um verdadeiro paraíso dos livros – é impossível sair de lá sem comprar um. Aliás, no 5º andar da loja, vale a pena tomar um charmoso café contemplando a vista exuberante da cidade.

O luxo de Londres está nos pequenos detalhes e na educação, como o simples fato de as pessoas pararem no lado esquerdo da escada rolante, deixando sempre o lado direito desimpedido para quem está com pressa. Isso acontece, principalmente, no centenário meio de transporte inglês, o metrô, que abriga em seus vagões todas as classes sociais. Não se pode esquecer do rápido trem Heathrow Express, que demora apenas 15 minutos do aeroporto ao centro da cidade. Também há o *double-decker bus*, o tradicional ônibus vermelho de dois andares, que permite ver a cidade, como se fosse um museu a céu aberto, em seu segundo andar. E os *black cabs*, os charmosos táxis pretos, considerados os melhores do mundo em uma pesquisa do *site* hotels.com. Isso sem falar na natureza dos parques ingleses, como o Holland Park e o Green Park, de onde se vê os turistas passarem com pressa indo em direção ao Palácio de Buckingham, a residência oficial da rainha, e o mais encantador de todos, o Hyde Park. Já São Paulo abriga o sol na maior parte do ano, e o parque do Ibirapuera é um lindo cartão postal.

A capital inglesa não é reconhecida por uma gastronomia própria, mas hospeda os melhores restaurantes da Europa, depois de Paris, é claro. Dentre eles, temos o Nobu, o Gordon Ramsay at Claridge's e o Alain Ducasse, que são verdadeiras viagens gastronômicas. São Paulo também tem uma gastronomia que não deixa a desejar, com restaurantes e chefes de alto gabarito, onde você pode experimentar pratos do mundo inteiro. Em Londres há uma encantadora loja de chocolates, a Charbonnel et Walker, que tem entre seus clientes a rainha Elizabeth. E os bares? Estão sempre movimentados, em qualquer horário, como o Kettner's, um champanhe bar no Soho, que às 16h já está lotado de pessoas elegantes que terminaram o dia de trabalho e foram lá para relaxar. São Paulo é uma cidade 24 horas, como o Paris 6, nos Jardins, um bistrô perfeito para qualquer tipo de encontro, seja no almoço, jantar, ou até no café da manhã.

No quesito cultura, temos os musicais da Leicester Square, que embora não seja tão famosa como a Broadway, é linda e elegante, e onde se encontram pessoas de todos os lugares, uma verdadeira mistura de sotaques. Há museus que contam a fascinante história da cidade, como o belo British Museum, e monumentos como a Torre de Londres; isso sem esquecer das obras de arte expostas na Tate Modern, o grandioso museu britânico de arte moderna.

E o luxo e a riqueza da monarquia inglesa? Uma bela exposição desse luxo real está no Palácio de Buckingham. No mês de agosto, ele é aberto ao público para visitação. E, nesse período, a rainha vai para o seu segundo palácio, o Castelo de Windsor. Há também o Castelo de Leeds, de uma rara beleza em sua arquitetura, e o Castelo de Hampton Court, um sonho de palácio pelo seu *glamour* e charme sensacional. Há também o palácio onde a princesa Diana morava, o Kensington Palace.

O sistema hoteleiro de Londres tem um serviço de atendimento digno da realeza. A cidade conta com excelentes hotéis cinco estrelas, bem localizados, como: o clássico Langham, o Ritz, que fica perto do Palácio de Buckingham, o recém-reformado Sanderson, o Mandarim Oriental e o belíssimo Hilton da Park Lane.

O mercado do luxo em Londres está dentro de uma cidade de primeiro mundo, por isso, é lógico que há enormes diferenças ao compará-la com São Paulo, uma cidade que ainda está se desenvolvendo. É o caso do nível de excelência nos serviços londrinos. Em São Paulo, você encontra uma taça de prosecco e um vendedor simpático. Já em Londres, você pode até não encontrar uma taça de prosecco nem ser atendido por um vendedor simpático, mas ele vai se preocupar em lhe atender da melhor maneira possível. Um outro exemplo, em Londres, é quando o pai acompanha o filho para a compra de um terno para o primeiro emprego dele. O vendedor pergunta qual é a empresa em que ele vai trabalhar e o cargo. Com base na resposta, o vendedor diz quantos ternos, camisas e gravatas serão necessários para o primeiro ano de trabalho.

Se uma pessoa está cansada de Londres, ela está cansada da vida!

7.3 RIO DE JANEIRO

Há mais de 50 anos, quando a cidade deixou de ser a capital federal, ela perdeu seu *status*, benefícios e o prestígio de ser a capital política do país. Após um declínio econômico e social, nessas cinco últimas décadas, o Rio tem diante de si um horizonte de desenvolvimento único com a realização de dois megaeventos esportivos: a Copa do Mundo, em 2014, e a Olimpíada, em 2016, além da expectativa de crescimento da produção de petróleo nos próximos anos, o que fará desta década, a década do Rio de Janeiro, já que o Governo Federal estima que os Jogos Olímpicos gerarão US$ 1 bilhão em negócios até 2016 e 15 mil empregos permanentes no Rio. Conforme dados do IBGE de 2008, o PIB carioca representa 5,1% do PIB brasileiro, sendo o segundo maior PIB do país, com R$ 154 bilhões, sendo o setor de serviços a atividade econômica preponderante, com 74,7%; em seguida, há o setor de administração, saúde e educação pública e seguridade social, com 15,1% e o setor industrial, com 10,3%.

Atualmente, conforme o Censo do IBGE em 2010, a cidade, que ocupa 0,01% do território nacional, tem em torno de 6 milhões de habitantes, o equivalente a 3% da população brasileira, e é a segunda cidade mais populosa do país, tendo 49,9% da sua população entre 25 e 49 anos, a faixa produtiva de trabalho. Segundo dados do IBGE de 2009, o Rio apresenta uma taxa de ocupação de trabalho de 94,5%, acima da média brasileira, e uma taxa de desemprego de 5,5%. Além disso, o Estado do Rio de Janeiro é um dos principais destinos dos estrangeiros que vêm trabalhar no Brasil, onde, entre 2006 e 2009, dois em cada cinco obtiveram autorização para trabalhar no Estado, sendo que nesse período esse número cresceu 65%.

O Rio de Janeiro é uma das cidades do Brasil que apresentam mão de obra com maior número de anos de escolaridade. Em 2009, do total de pessoas ocupadas, aproximadamente 65% tinham, pelo menos, o ensino médio completo. E vale ressaltar um dado sobre a riqueza educacional da cidade, que conta com seis escolas internacionais: as norte-americanas Escola Americana do Rio de Janeiro e Our Lady of Mercy; a francesa Liceu Molière; a alemã Escola Alemã Corcovado; a suíça Escola Suíço-Brasileira Rio de Janeiro; e a inglesa Associação Britânica de Educação.

Quanto à força do ensino, em 2008, 44% da população jovem, entre 18 e 24 anos, cursava o ensino superior. Segundo o *Financial Times*, em seu *ranking* 2012 dos 100 melhores MBAs globais, a única escola que representa a América do Sul está localizada no Rio de Janeiro: o Instituto COPPEAD, da UFRJ, na 51ª posição.

O poder dessa cidade, que está entrando na sua principal década, pode ser medido através da sua infraestrutura. O porto do Rio de Janeiro é o quarto na movimentação de contêineres e o oitavo no de carga no *ranking* nacional de 2009. Os dois aeroportos, em 2009, puseram o Rio em segundo lugar, ao responder por 20% do volume de passageiros nos voos internacionais e 18% do volume total de passageiros nos aeroportos brasileiros, sendo esse movimento equivalente a quase o triplo da população carioca.

A cidade é referência por abrigar a maior empresa de mídia do país, as organizações Globo; por ser o principal polo de cultura, artes e inteligência do Brasil; o Estado é o maior produtor de petróleo do país, com 85% da produção nacional, e o maior produtor de gás natural do país, com 49,7% da produção nacional; é a sede da maior empresa brasileira, a Petrobrás; e é a casa do homem mais rico do Brasil, Eike Batista.

O Rio de Janeiro tem crescido bastante e isso se reflete no mercado do luxo. No passado, as marcas de luxo, com exceção da Montblanc, H. Stern, Osklen e Louis Vuitton, tinham parado de investir no Rio. Mas esse cenário mudou com a vinda da Armani, Chanel e Daslu; com a inauguração do *shopping* Leblon, o fortalecimento do Fashion Mall e, em 2012, a abertura do *shopping* Village Mall.

Há que se destacar uma peculiaridade do consumidor carioca do luxo, tendo em vista que as grandes marcas estão situadas próximas às praias: esse consumidor, como em poucas cidades do mundo, sai da praia com roupa de banho e passa em uma joalheria, antes de ir para casa. Isso demonstra que, além das exigências habituais do consumidor brasileiro do luxo, o carioca ainda apresenta um toque de informalidade.

7.4 BRASÍLIA

A capital federal do Brasil desfruta dos benefícios das capitais das grandes nações, como o fato de ter uma economia baseada no funcionalismo público, obtendo a melhor renda *per capita* (quantidade que cada habitante receberia caso o PIB fosse dividido igualmente entre toda a população) e o melhor IDH (Índice de Desenvolvimento Humano) do país, o que, no caso de Brasília, gerou um crescimento econômico muito acelerado para uma cidade de apenas 50 anos.

Para se ter uma ideia da força econômica dessa cidade, que é a capital federal da República e sede de governo do Distrito Federal, a renda *per capita* é mais que o triplo da média nacional: R$ 40.696 contra R$ 13.515, segundo os dados de 2007. No entanto, é sabido que, embora a sua força econômica esteja baseada nos altos salários do funcionalismo público, a população residente na região metropolitana de Brasília, segundo os dados do IBGE, é composta por migrantes (51,4%) – sendo principalmente oriundos da região Nordeste (25,4%) e Sudeste (14,2%) do país – que, por serem pouco qualificados foram em busca de melhores condições de vida, trabalhando por uma remuneração muito baixa; além de ser composta também por aqueles que trabalharam na sua construção, permanecendo lá em busca de melhores condições de emprego e moradia.

Essa composição da população de Brasília a torna, segundo a ONU (Organizações das Nações Unidas), a 16ª cidade mais desigual do mundo e a 4ª mais desigual do país. Esse dado da ONU considera, assim como o IBGE, as trinta regiões administrativas que compõem o Distrito Federal. Apesar da desigualdade social da capital, os indicadores socioeconômicos equivalem aos de países de primeiro mundo. Conforme o último estudo elaborado pelo PNUD (Programa das Nações Unidas para o Desenvolvimento), o IDH do Distrito Federal é de 0,844, que é excelente. Na análise das 19 regiões administrativas, 12 tiveram um alto IDH e 7 tiveram um IDH médio, nenhuma apresentou um IDH baixo.

Ainda, segundo os dados do IBGE para o Distrito Federal, 98,2% dos domicílios urbanos têm o lixo coletado, 95,4% estão ligados à rede geral de abastecimento de água, 99,8% tem ligação direta com a rede de esgoto e 100% dos domicílios têm acesso a energia elétrica. Isso significa que embora a desigualdade econômica seja grande, os cidadãos com poder aquisitivo muito baixo têm acesso a uma infraestrutura que, em cidades grandes como Rio de Janeiro e São Paulo, seria um sonho. A taxa de escolarização da capital federal é a mais alta do país, onde 98% das crianças entre 7 e 14 anos frequentam a escola, e por isso o índice de analfabetos é de apenas 3,37% contra os 8,25% da média nacional.

Esse ambiente encontrado em Brasília, diante da semelhança com as grandes cidades no mundo, associado a um público de alta renda, que aqui é representado pelos funcionários públicos, é o cenário ideal do mercado do luxo. Por isso, a cidade é considerada a mais promissora após São Paulo e Rio de Janeiro. Um outro fator importante para esse momento de prosperidade, principalmente para o mercado do luxo, é o apetite crescente no consumo dos brasilienses; porém, o fato de a cidade ser ainda muito jovem, encontra limitações. No entanto, a capital tem crescido economicamente de forma acelerada, o que poderá levá-la a um papel relevante no cenário desse mercado brasileiro.

No final de 2009, o *shopping* Parkshopping fez um investimento de R$ 130 milhões na sua ampliação, criando uma ala com 78 lojas exclusivamente de alto padrão, sendo 35 delas inéditas na capital. Em março de 2010, foi inaugurado o *shopping* Iguatemi, com faturamento de R$ 250 milhões só no primeiro ano. Além disso, a cidade tem atraído marcas internacionais importantes para o mercado do luxo, como a Burberry, marca britânica de roupas e acessórios de luxo, que escolheu o *shopping* Iguatemi para abrir sua primeira loja na América Latina, e a Louis Vuitton, que ficou muito satisfeita com os resultados da nova loja na capital – o que gera a expectativa de a cidade abrigar uma loja da Sephora, famosa varejista de produtos de beleza que pertence ao grupo LVMH, que inaugurou em julho de 2012 sua primeira loja no país, no *shopping* JK Iguatemi, em São Paulo.

Como se pode notar, Brasília figura entre as cidades mais promissoras do país, sendo prioridade para quem investe em sofisticação. O mercado de luxo na cidade já contempla roupas e acessórios sofisticados, gastronomia para paladares mais refinados, mobiliário requintado, além de hotéis e *spas* de alto padrão. Esse mercado em Brasília não é uma ilusão, já que o consumidor brasiliense ficou cansado de ter de ir fazer suas compras em São Paulo. Brasília esta se transformando e é uma grande promessa para os próximos anos.

CAPÍTULO VIII
DESAFIOS ENCONTRADOS NO MERCADO DO LUXO NO BRASIL

Neste capítulo, avaliaremos os obstáculos que o mercado do luxo enfrenta para se estabelecer no país. É bem verdade que esses obstáculos vêm diminuindo, mas ainda tornam o país menos competitivo se comparados a outros países em desenvolvimento.

Dentre as questões mundiais que esse mercado enfrenta está a banalização das marcas para a democratização do luxo e as falsificações dos produtos. A democratização do luxo é uma decisão baseada na estratégia das empresas em atrair clientes através de produtos mais acessíveis; já falsificações, é algo que foge do controle das empresas. O Brasil adotou uma posição no combate à falsificação ao criar o Conselho Nacional de Combate à Pirataria, sendo apontado, pela Europa e Estados Unidos, como um dos países com a melhor política de combate a esse tipo de crime no mundo.

Já entre as barreiras encontradas pelas empresas no Brasil estão, principalmente: a alta carga tributária, a burocratização ao se estabelecer no país, a ainda pouco desenvolvida infraestrutura e a desigualdade social.

8.1 A DEMOCRATIZAÇÃO DO LUXO

A democratização do luxo é o processo de transformação de artigos de consumo corrente, que outrora era reservado à elite, e de promoção do ato de compra de produtos não estritamente necessários, objetivando-se um mercado consumidor médio. Esse processo dá origem a um luxo pós-moderno, globalizado, que não se sustenta somente das tradicionais sociedades familiares.

No entanto, nesse processo de democratização, deve-se levar em consideração uma das características do luxo, a exclusividade, para que as grandes marcas desse segmento não sejam afetadas com a banalização dos seus produtos. Aliás, um processo exagerado de democratização, além de levar à banalização das marcas, pode afetar esse poderoso mercado que ganha cada vez mais destaque na economia. Para evitar isso, uma das saídas é a adoção de uma política de comunicação inteligente e de bom gosto focando o seu público, que busca um consumo qualificado e personalizado.

Apesar da preponderância da exclusividade nos artigos de luxo, a democratização do luxo no país está em uma peculiaridade cultural: a compra de joias, relógios e moda através do parcelamento. Quanto a isso, não há nada a se fazer, já que é um aspecto cultural; por isso, de olho no futuro desse mercado – e para evitar a desvalorização ou vulgarização da marca –, marcas como a Ermenegildo Zegna, por exemplo, investem na sofisticação e personalização de suas criações através do oferecimento de customização feita pelo próprio cliente, que define e escolhe os detalhes, podendo até colocar as iniciais de seu nome na camisa. Essa é uma estratégia para dar uma individualidade ao consumidor, preservando a exclusividade do produto, conferindo mais legitimidade e prestígio à marca.

Essa técnica de sofisticação também é uma resposta ao mercado de cópias de produtos de luxo. Uma boa estratégia para combater a falsificação é o reforço para o consumidor de que apenas o produto original é o que lhe dará prestígio e a sensação de ser especial, guiando-o pelo que é esteticamente deslumbrante e exclusivo.

É verdade que tanto o crescimento do segmento de bens e produtos de luxo quanto a substituição do que era feito artesanalmente pela fabricação industrial contribuiu para a democratização do luxo, já que aumentou a sua presença global, tornando-o mais acessível a numerosos consumidores, se comparado com o passado. Entretanto, esse processo precisa de um tratamento especial, feito pelas grifes de luxo, para evitar a perda da exclusividade de seus produtos.

8.2 O COMBATE À FALSIFICAÇÃO NO BRASIL

No mesmo ritmo em que o mercado do luxo se expande, cresce assustadoramente, também, o mercado de produtos falsificados, cuja oferta e produção está condicionada à alta procura dos consumidores por esses produtos. Essa questão apresenta uma preocupação alarmante, já que 70% dos consumidores que adquiriram produtos falsos sabiam que estavam comprando mercadorias ilegais, o que revela um comportamento de uma compra consciente e intencional. Embora haja a dificuldade em se encontrar as reais motivações que levam as pessoas a procurarem marcas falsificadas, sabe-se que as marcas que despertam maior desejo são os maiores alvos de falsificação. É o caso da Louis Vuitton, do conglomerado LVMH, que é uma das marcas mais desejadas e, por isso, é um dos maiores alvos dos falsificadores.

Embora consumidores de todas as classes comprem produtos falsificados, tendo 70% deles o segundo grau completo e 23% o ensino superior, muitos não são clientes em potencial da marca – eles buscam apenas o *status* através dos logotipos de grifes de luxo. É necessário que se diga que há dois tipos de clientes: os desinformados, que compram a falsificação atraídos pelo produto em si, pelas suas características e benefícios sociais, sem saber que se trata de um objeto de uma marca cobiçada; e os informados, que adquirem o produto falsificado por ser a cópia fiel de uma marca famosa que desejam.

Na verdade, os logotipos das marcas de luxo rotulam, na maior parte, as pessoas que estão usando os produtos das grifes – uma espécie de declaração, afirmando que os clientes concordam com a filosofia daquela marca: almejar essa inclusão, nesse restrito grupo, faz alguns consumidores (informados) adquirirem produtos falsificados.

O mercado do luxo não é o único alvo, mas tem sido a vítima principal, representando 5% do total desse mercado de produtos falsificados. Já o preço, está entre 10% a 50% do valor do produto original. A falsificação se dá tanto na imitação de produtos já existentes quanto na invenção de artigos não fabricados pela marca. As falsificações são altamente prejudiciais para o mercado do luxo por denegrirem as reputações de qualidade e exclusividade de uma marca, causando a banalização ou vulgarização da imagem da grife, além de violarem os direitos autorais que dão proteção à propriedade industrial, e de desconsiderarem o fato de que a logomarca é protegida e registrada legalmente.

Estima-se que o mercado de produtos falsificados dê um prejuízo anual de mais de € 4 bilhões e, por ser um fenômeno mundial, é regularmente noticiado no mundo inteiro. Além disso, gera perdas monetárias reais e intrínsecas: nos Estados, por ser uma atividade clandestina, portanto, não tributada; nas empresas, que são afetadas com a perda de mercado; nos consumidores de falsificações, que adquirem produtos de baixa qualidade e estimulam a contravenção; e nos consumidores dos produtos originais, que podem perder o sentimento de exclusividade ao verem um produto falso – com a mesma logomarca que o seu original – sendo comercializado por uma fração do valor que eles pagaram.

Um exemplo de uma medida eficiente no combate à falsificação foi a implantação de dispositivos tecnológicos, feita pela Cartier em alguns produtos, a fim de certificar a autenticidade dos mesmos. Além disso, as marcas também podem se defender através de meios jurídicos, processando empresas falsificadoras, e investigando locais que vendem produtos pirateados.

E por falar em locais, a venda de produtos falsificados ocorre tanto pela internet, como em lojas e camelôs. O comércio em lojas, depois de tantas apreensões, funciona da seguinte maneira: o cliente escolhe em um catálogo e a mercadoria é retirada em um depósito, fora da loja. Na internet o controle é mais difícil, já que, ao se fechar um *site* por ordem judicial, abre-se outro rapidamente. Alguns desses *sites* ainda usam uma técnica conhecida para influenciar os consumidores ao denominarem os produtos como cópias, em vez de falsificações, comparando-os aos remédios genéricos.

Em Brasília, o comércio de produtos piratas acontece, principalmente, na feira dos importados; no Rio de Janeiro, ocorre no camelódromo Uruguaiana; e, em São Paulo, existem lojas na Galeria Pagé, localizada na rua 25 de Março, no Centro de São Paulo, e em um *shopping* com entrada pela avenida Paulista, além dos camelôs.

Em uma pesquisa sobre o tema, constatou-se que, de cada dez entrevistados, oito já compraram produto falsificados, sendo que 55% dos cariocas e 70% dos paulistanos que compraram esses produtos nos últimos doze meses sabiam diferenciar a cópia do produto original. Isso mostra que o perfil de uma grande parte desses consumidores é de pessoas de melhor poder aquisitivo, que muitas vezes compram esses produtos no exterior.

As falsificações têm como principal origem os seguintes países: China, Singapura, Coreia e Malásia (de cada cinco lotes de produtos piratas, três são desses países). Há ainda a produção dentro do Brasil, em pequenas fábricas associadas ao crime organizado. No país, a estimativa é de que o giro comercial desses produtos seja de R$ 6,5 bilhões por ano, gerando um prejuízo de R$ 1,5 bilhão na sonegação de impostos.

8.3 BARREIRAS E DIFICULDADES ENCONTRADAS NO BRASIL

O crescimento do segmento de luxo no Brasil, apesar das boas perspectivas, está muito lento para se tornar um centro de consumo de luxo com peso internacional. Uma das razões é a alta carga tributária, em torno de 60%, imposta aos produtos de luxo, enquanto na China e na Índia a alíquota média é de 20%. No setor de vestuário, o imposto adotado vai de 80% a 120%, e, no setor de joias, o valor fica entre 28% e 44%. Para se ter uma ideia em valores monetários, um veículo que custa R$ 45 mil nos principais mercados mundiais, sai por R$ 75 mil no Brasil.

Essas alíquotas convertidas em valores monetários refletem a incapacidade do comerciante nacional em competir com os preços praticados no exterior, o que é incoerente para esse segmento, tendo em vista que a indústria nacional precisa ser desafiada para ser mais competitiva internacionalmente, e não protegida com alíquotas que solapam o consumo desses produtos.

Além da questão tributária, há ainda: um desenvolvimento muito concentrado no eixo Rio-São Paulo; um elevado grau de complexidade e burocracia no mercado; a desigualdade social e a segurança pública, que inibem o uso de produtos sofisticados e, consequentemente, a sua compra; e a infraestrutura, que tem os principais terminais de cargas saturados ou próximo do limite, como é o caso dos terminais de Santos, que operam com 70% das importações e exportações do país. Essas são as muitas barreiras que postergam decisões das empresas que poderiam acelerar os investimentos, o que representa uma séria ameaça à garantia de um crescimento forte no futuro.

Essas dificuldades podem ser vistas no gráfico abaixo, onde são apresentadas pelo grau de preocupação, por segmentos e por nacionalidade:

Figura 17: Principais obstáculos para o crescimento das marcas no Brasil

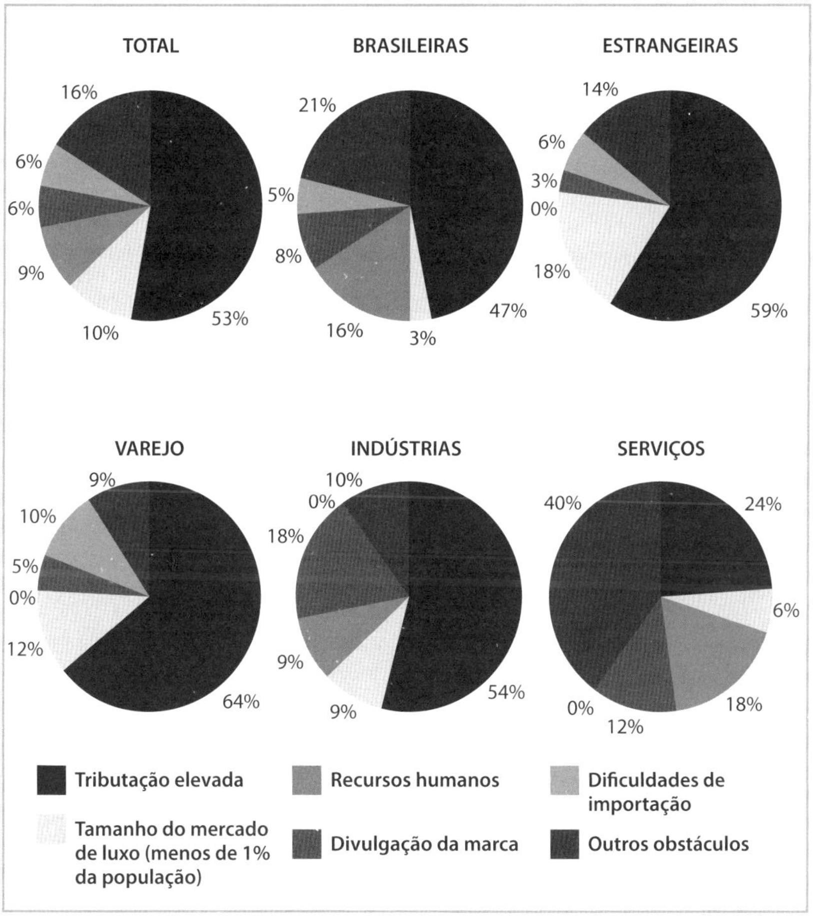

Fonte: GFK/MCF, 2010

O que se pode compreender analisando o gráfico é que, em quase todas as situações, a maior barreira é a elevada carga tributária, com exceção dos serviços que têm outros obstáculos a serem enfrentados.

Para muitas marcas de luxo no Brasil, a principal concorrente é a própria marca no exterior, pois o consumidor tem o contato com o produto no Brasil, experimenta aqui e efetua a compra em suas viagens internacionais. Mesmo com a nova taxa de 6,38% sobre as compras com cartão de crédito no estrangeiro, ainda vale muito mais a pena comprar no exterior do que no país.

CAPÍTULO IX

O POTENCIAL DO LUXO NO BRASIL

NESTE CAPÍTULO discutiremos o luxo contemporâneo e as tendências do mercado do luxo brasileiro. Essa nova visão sobre o luxo é ditada pelas autoridades máximas nesse segmento: os países europeus –, sustentada pelo atual regime democrático e globalizado do mundo.

Esse novo luxo é mais sensorial, sem ostentação, baseado no prazer e no bem-estar; por isso, é centrado, principalmente, nas sensações e cada vez menos nas aparências. Nessa remodelagem do luxo, busca-se eliminar a desigualdade externalizada pela ostentação no uso dos artigos de luxo e, com isso, se adequar ao regime democrático mundial.

Uma outra questão enfrentada pelo luxo contemporâneo é a globalização. Antes, os produtos de luxo, a beleza e a infraestrutura dessas lojas tinham um lugar determinado; agora, o conceito do luxo foi internacionalizado, o que quer dizer que um mesmo produto pode ser encontrado em diversos lugares no mundo, bem como o investimento que as empresas fazem na estrutura de suas lojas, mexendo com as emoções dos seus clientes ao proporcionarem uma sensação única, em qualquer uma de suas lojas.

Já nas tendências do mercado brasileiro, será analisado, segundo os dados apresentados, como esse comércio está situado e qual a sua tendência para o luxo, respeitando cada segmento desse mercado.

Enfim, essas são questões cruciais para o futuro desse mercado: a conjugação do conceito do luxo contemporâneo com a prática, através das tendências do mercado brasileiro.

9.1 A ERA DO LUXO CONTEMPORÂNEO

O luxo contemporâneo foi construído na era democrática, que convive com a democratização do luxo, a elevação do padrão de vida das classes médias e a globalização, onde, diante dessa era, esse novo luxo deverá ser consumido com a finalidade de qualidade de vida, através do que há de mais belo e melhor, corporificado nos produtos e marcas de qualidade. Esse Novo Luxo representa uma ruptura com o antigo modelo, já que ele não está só vinculado ao enriquecimento material, mas também à aspiração generalizada à felicidade material e ao bem viver.

Conforme Gilles Lipovetsky, que bem descreve esse luxo, compram-se marcas onerosas não mais em razão de uma pressão social, mas em função dos momentos e das vontades, do prazer que delas se espera, muito menos para fazer exibição de riqueza ou de posição que para gozar de uma relação qualitativa com as coisas ou com os serviços. Isso significa que o Novo Luxo relaciona-se com uma nova psicologia de consumo, que transcende o objeto: os consumidores de luxo estão buscando e valorizando novas experiências, e não simplesmente buscando o materialismo como um fim em si mesmo. Hoje é comum verificar que muitas pessoas preferem gastar seu dinheiro com experiências (restaurantes, viagens, entretenimento) a adquirir produtos tangíveis.

As sociedades contemporâneas têm suas motivações para o consumo de luxo fundadas mais no desejo pelo raro, singular e incomum, ou por algo que defina uma singularidade alheia às formas e padrões convencionais. Portanto, o Novo Luxo não se define pela posse do objeto, uma vez que já ficou claro que qualquer um pode tê-lo; o que importa ao consumidor do luxo é a experiência que carrega consigo.

Além das forças sociais, psicológicas e de mercado agindo sobre os consumidores de produtos e serviços sofisticados, dois fenômenos relacionam-se, em diferentes graus, com o conceito do Novo Luxo. Um deles é o efeito *Trickle Down* e o outro é o *Trading Up*.

O efeito *Trickle Down*, segundo os economistas, é o ciclo de "redução de preços – aumento da demanda", ocorrido quando o aumento da demanda por um produto ou serviço diminui seu preço, em boa parte porque encoraja a competição e permite às empresas operarem em escalas mais eficientes. Embora os preços baixos tenham o efeito de diminuir as despesas das famílias de menor renda, permitindo que elas adquiram mais produtos supérfluos e sofisticados, esse efeito exerce influência apenas limitada no mercado do luxo.

Já o processo *Trading Up* – que significa o crescimento da renda das famílias, acompanhado de uma distribuição uniforme, facilitando o acesso dos consumidores menos abastados ao consumo de bens mais sofisticados – possui uma grande influência no mercado do luxo. Os consumidores dispõem-se a pagar um preço *premium* por produtos e serviços com melhor qualidade que outros na mesma categoria, desde que isso os faça sentir-se bem e proporcione valor aspiracional. Mesmo os estratos com níveis médios de renda podem praticar *Trading Up* em alguns produtos e serviços especiais, graças às economias que obtêm praticando o *Trickle Down* em categorias menos importantes para eles.

O mercado do luxo contemporâneo desafia a convenção de que quanto mais alto o preço, menor o volume, já que os produtos desse segmento possuem preços muito mais altos que os convencionais e vendem volumes bem maiores que os do luxo tradicional. A verdade é que o *Trading Up* abrange tantas categorias e apela para uma gama tão ampla de consumidores, que passou a representar um importante (e crescente) segmento da economia.

9.2 TENDÊNCIAS DO MERCADO DO LUXO NO BRASIL

Há uma tendência muito positiva de crescimento para o país, conforme apontamento dos indicadores econômicos, o que faz com que as empresas se interessem por esse nosso promissor segmento. Os resultados dos últimos anos foram favoráveis para o Brasil, colocando-o como o sétimo maior mercado consumidor do mundo.

Esse crescimento econômico tem recebido uma contribuição muito importante das importações, indo desde insumos para abastecer as indústrias até o produto final, como: carros (o principal destaque), máquinas, eletrônicos, celulares, roupas, entre outros. Na verdade, com base nos dados de 2010, a quantidade de produtos importados ultrapassou o nível pré-crise ao atingir novo recorde, reafirmando a sua importância para a economia ao seguir em uma tendência de alta.

Essa tendência do país está apoiada no trabalho conjunto da iniciativa privada com o governo para solucionar os gargalos, alavancando a economia através: do aumento na sensação de segurança, da flexibilidade da lei de reciprocidade para vistos americanos (houve um aumento de 62% no número de brasileiros que obtiveram visto americano em março de 2012 e houve um aumento considerável de visto brasileiro pedido por americanos, inclusive muitos pedidos de americanos querendo visto de trabalho, para morarem no Brasil), da melhoria nas condições da malha aérea e aeroportos, da consistência (produtos e serviços) e da obsessão na busca de melhor qualificação de mão de obra.

A tendência do país no futuro do luxo ganhou investimentos na profissionalização desse segmento, com o surgimento, nos últimos anos, de cursos voltados para o treinamento e educação dos profissionais que atuam nesse mercado. Dentre as instituições de ensino, há que se ressaltar o pioneirismo da FAAP com o MBA Gestão do Luxo, considerado o segundo melhor MBA do Brasil, sendo ainda o único MBA em Gestão do Luxo no país, com apenas uma turma por ano.

O Brasil já está se inserindo, aos poucos, no futuro do luxo contemporâneo: sem ostentação, mais aspiracional e sensorial, onde o importante é "ser" e, não, "ter", sob um enfoque cultural com mais consciência ambiental e responsabilidade social, além do espírito hospitaleiro inato do povo, o que deixa o brasileiro cada vez mais próximo do turista com alto poder aquisitivo, que já está farto do consumo excessivo e de uma vida cada vez mais artificial.

No entanto, para alimentar o futuro promissor do luxo contemporâneo no Brasil, há que se entender esse consumidor brasileiro. Ele busca os produtos e serviços do luxo que dão sentido ao seu estilo de vida. Para esse consumidor, mais do que passar uma mensagem, é preciso contar uma história. Além disso, esses clientes do luxo estão dispostos a gastar mais, tendem a ser mais fiéis, indicam outros clientes se solicitados, promovem um indispensável "boca a boca" nesse segmento, não se importam com o preço se forem convencidos do valor da experiência, querem memórias únicas, sofisticadas e exclusivas, querem aproveitar suas fortunas mais do que mostrá-las – e, para capturá-los, será preciso vender paixão, conhecimento e experiências excepcionais.

Em atendimento às exigências contemporâneas do mercado do luxo, a marca japonesa Comme des Garçons criou o cargo de diretor de atmosfera: um funcionário que cuida desde a localização e arquitetura da loja, até qual música e cheiro haverá no ambiente e que vestimenta os vendedores irão usar nas lojas da grife. Ocorrerá uma tendência na procura por esse profissional, que se destacará nesse mercado no Brasil.

O mercado do luxo tem muitas oportunidades a serem exploradas em atenção às carências desses consumidores. O segmento do turismo, por exemplo, tem uma participação de apenas 14% no mercado do luxo. Isso mostra que há uma boa oportunidade, mas antes é preciso investir no capital humano, mediante uma superespecialização no quadro de profissionais, para que se obtenha um atendimento de luxo capaz de captar e fidelizar esse cliente. É preciso também inovar com um novo estilo de viajar, através do turismo cultural e educativo, o "geoturismo", voluntariado e o novo *slow travel*, atendendo ao desejo de mudança no estilo de vida.

Atualmente, há 4 cidades que servem como destinos exclusivos para o turismo de luxo: Angra dos Reis, Búzios, Trancoso e Fernando de Noronha. Mas há destinos naturais que também atendem a esses clientes: Amazônia, Foz do Iguaçu, Chapada Diamantina e os Lençóis Maranhenses; e destinos urbanos, como São Paulo, Rio de Janeiro, Florianópolis e Salvador.

Aliás, é necessário também investir na prática esportiva do golfe, que movimenta um segmento milionário de turismo no mundo. Esse turista, com idade média de 37 anos e renda anual de US$ 120 mil, procura por novos campos em locais e cenários diferentes e, para isso, dispõe-se a pagar diárias acima de US$ 400 e mais US$ 500 em atividades esportivas, compras, restaurantes e bares de hotel.

Um outro segmento com tendência positiva é o da construção civil, que desde 2009 coloca o país em segundo lugar na indicação de melhor destino para investimentos, segundo a Associação de Investidores Estrangeiros em Imóveis (AFIRE), e, por isso, as construtoras têm apostado em investimentos de altíssimo padrão.

Ainda na área da construção, há uma tendência fortíssima na expansão de antigos *shoppings* e na construção de novos. Os atuais *shoppings centers* têm como principais consumidores 79% das classes A e B; e, por isso, visando acolher e atender o aumento do poder de compra da classe C, serão construídos novos empreendimentos com novos formatos, como: *shoppings* abertos, híbridos, locais de entretenimento fechados, entre outros. Em 2011, havia 430 *shoppings* no país (somente o Estado de São Paulo possui 145 *shoppings*), gerando 775 mil empregos e um faturamento de R\$ 108 bilhões. Em 2012 foram inaugurados 43 *shoppings* no Brasil.

Certamente, além desses dados pontuais, há dois fatos que potencializam qualquer tendência: a Copa do Mundo de 2014 no Brasil, e a Olimpíada de 2016 no Rio de Janeiro. Só o impacto da declaração da Copa levou o país da 12ª para a 7ª posição no *ranking* de países que mais receberam eventos internacionais entre 2000 e 2010, criando espaço para empresas de eventos do segmento do luxo. Esse efeito "Copa" será capaz de quintuplicar os investimentos, com uma previsão de injeção de R\$ 142 bilhões na economia brasileira, nos próximos dois anos. Desse total, R\$ 36,4 bilhões serão investimentos diretos, para garantir a infraestrutura e a organização necessária para o evento. Ainda serão gastos mais R\$ 7 bilhões entre despesas operacionais e visitantes, e outros R\$ 98,79 bilhões deverão ser gerados indiretamente por diversos setores da economia. Com certeza, esses investimentos irão alavancar, especialmente, as indústrias e o mercado de trabalho. Veja a tabela a seguir com a divisão dos valores por segmentos.

Tabela 11: Efeito Copa 2014 - destino dos investimentos

DESTINOS DOS INVESTIMENTOS	EM BILHÕES R$
Transporte e Mobilidade	12,7
Estádios	7,2
Aeroportos e Portos	6
Telecomunicações	4,2
Segurança	4,1
Hotelaria	2,1
Hospitais	1,1
Total	36,4

Fonte: Itaú-Unibanco (30/11/2011)

A Copa do Mundo será o maior evento já realizado no país. No período da competição, o setor que mais irá se beneficiar com os investimentos é o turismo, que prevê 8 milhões de turistas estrangeiros, levando o Brasil a subir 20 posições no *ranking* mundial de destinos mais visitados do mundo, saindo da 43ª para a 23ª posição, o que representa um salto de 64,4% frente ao registrado em 2009; ainda espera-se que a receita salte para US$ 8,73 bilhões, em 2014. Das 12 cidades-sede, o Rio de Janeiro é a que terá mais aportes (R$ 2 bilhões) e Curitiba será a que menos receberá (R$ 720 milhões).

A Olimpíada serão excelentes para a cidade do Rio de Janeiro, que receberá R$ 11 bilhões em investimentos. Um dos pontos altos será a revitalização da zona portuária do Rio baseada no modelo de Puerto Madero, em Buenos Aires, construindo hotéis e restaurantes de alto luxo. Só a dona do Rockfeller Center em Nova York (Tishman Speyer) investirá R$ 200 milhões para construir um edifício corporativo nessa área. Entretanto, os investimentos repercutirão nos estados ao redor do Rio, como a previsão de construção do trem bala ligando o Rio de Janeiro a São Paulo, cujo investimento está orçado em R$ 33,1 bilhões. Acompanhe, na tabela a seguir, os principais benefícios da Olimpíada.

Tabela 12: Efeito Olimpíada - principais vantagens

PRINCIPAIS VANTAGENS	PERCENTUAL
Melhoria na Infraestrutura	40,3%
Aumento no Turismo	26,3%
Melhoria da Economia Brasileira	10,1%
Aumento do Emprego	10,1%
Maior visibilidade internacional	5,8%
Outras vantagens	3,3%
Nenhuma vantagem	2,2%

Fonte: Firjan

A Copa do Mundo e a Olimpíada estão gerando tendências, como a atração dos "arquitetos de grife" para o Brasil: o alemão Ralf Amann, responsável pelo projeto Arena Amazônica (Manaus); a americana Elizabeth Diller, que assina o projeto do MIS (Rio de Janeiro); e o espanhol Santiago Calatrava, que assina o projeto do Museu do Amanhã (Rio de Janeiro). Essa tendência trará para o Brasil muitos outros arquitetos reconhecidos mundialmente para assinarem projetos no país.

A prefeitura do Rio, em atendimento às exigências da Olimpíada, ofereceu incentivos fiscais aos investidores no segmento de hotelaria, garantindo a isenção de impostos (ITBI, IPTU e ISS) para os empreendimentos inaugurados até 1º de abril de 2016. Essa medida visa resolver o déficit de oito mil quartos em hotéis, sendo boa parte desse número para a hotelaria de luxo. Além disso, no Rio de Janeiro, devido à Olimpíada e à final da Copa do

Mundo, serão inaugurados 25 hotéis até 2014, um investimento estimado em R$ 1 bilhão.

Essas medidas para os fenômenos Copa do Mundo e Olimpíada, aliadas ao forte crescimento econômico, fez o grupo Starwood – administradora de hotéis com mais de 1.000 unidades no mundo e apenas 6 no Brasil – procurar parceiros para construir hotéis nas cidades do Rio de Janeiro, Belo Horizonte, Brasília e Fortaleza. Esses negócios serão feitos com, pelo menos, uma das seguintes marcas de luxo do grupo: Sheraton, Le Meridien, Four Points, St. Regis, The Luxury Collection, W e Westin. Além do grupo Starwood, outros nove grupos de hotelaria de luxo anunciaram expansão no país.

A simples expectativa por causa desses eventos, aumentou a renda, expandiu o crédito imobiliário, fez cair o desemprego, fez crescer as cidades do Rio de Janeiro e São Paulo, além de gerar uma escassez de terrenos que provocou uma súbita elevação nos preços dos imóveis, tanto em São Paulo quanto no Rio de Janeiro. Na capital paulista, o valor de vendas dos imóveis em março de 2010 foi de R$ 1,5 bilhão: este é o melhor resultado desde 2004, superando os ganhos médios das principais aplicações financeiras. Em pelo menos mais 4 anos, a demanda vai continuar nesse ritmo e, pelo mesmo período, o preço dos imóveis continuará no embalo de forte alta.

A cidade do Rio de Janeiro tem recebido um crescente número de turistas, tanto do próprio estado como de outros, e isso criou uma tendência de expansão do mercado do luxo na região dos lagos (área de praias do Rio de Janeiro, onde os cariocas descansam nos finais de semana, feriados e datas festivas). Em 2010, dois *resorts* de luxo chegaram à região: na cidade de Cabo Frio, o Club Med (França); e na cidade de Búzios, o Breezes Búzios (Jamaica), totalizando R$ 270 milhões em investimentos. Esses empreendimentos atrairão para essas regiões um aumento dos turistas da classe A. Atualmente, a cidade de Cabo Frio recebe 2 milhões de turistas por ano, embora tenha apenas 83 hotéis e pousadas, e uma demanda para o dobro desse número de hóspedes – e, por isso, o grupo Starwood planeja investir nessa região.

Outra necessidade de Cabo Frio é a ampliação do seu aeroporto internacional para receber voos fretados do Chile, Uruguai, Argentina, França, Itália, Holanda, além de outros estados, visando atender aos turistas de Classe A – parte se hospedará em Cabo Frio, e outra em Búzios.

No país, uma tendência pontual é o mercado em plena expansão de compra e aluguel de helicópteros. Voar neles deixou de ser um artigo de luxo e, em razão das inúmeras vantagens, tornou-se uma ferramenta de trabalho, principalmente na cidade de São Paulo, onde a violência é assustadora e o trânsito é caótico. O seu uso está relacionado ao transporte de executivos, serviços de segurança pública e defesa civil (polícias, corpo de bombeiros e entidades públicas), transporte aeromédico, empresas de táxi aéreo, serviços *offshore*, missões militares, empresas de comunicação, entre outros.

Outro mercado, que embora seja novo, mas está em franco crescimento mediante uma demanda em ascensão, é o setor náutico. O grupo italiano Azimut-Benetti, fabricante de embarcações de alto luxo em 67 países, investirá R$ 200 milhões nesse negócio, onde os consumidores desembolsarão entre R$ 1 milhão e R$ 3 milhões por barcos com mais de 40 pés (cerca de 12 metros), sendo que a estimativa é que o país consuma cerca de 150 iates desse tipo por ano. Outro grupo concorrente, a Ferretti Brasil, ampliará suas operações no país, chegando a triplicar a sua linha de produção até 2013. Um diferencial desse grupo foi a inauguração de um *show room*, com mais de 1.000 m², no *Shopping* Cidade Jardim (*Tools and Toys*), com iates, helicópteros, automóveis e artigos de luxo. A empresa holandesa Vreugdenhil Yachts, especializada em iates de luxo, chegou ao Brasil em 2011 e tem metas e investimentos bem positivos para o mercado brasileiro. Além desses, outro grupo, o americano Brunswick, prepara-se para chegar ao país para disputar o mercado; já a empresa Schaefer anunciou a ampliação da sua produção para enfrentar a concorrência.

Atualmente, o que se nota é a tendência de chegada de empresas com cifras milionárias em cidades improváveis, tornando possível o estabelecimento de negócios entre São Paulo e Pequim ou Mumbai e Dubai, com ilimitadas possibilidades. Há alguns anos, as práticas eram diferentes, pois a criação de uma empresa de US$ 1 bilhão em vendas exigia contatos em Nova York ou Londres, passar pelo mercado financeiro e conhecer as pessoas certas para se conseguir dinheiro.

Esse é o caso de empresas como a Unilever do Brasil que pretende se tornar a maior filial do grupo até 2020. Esse caminho também foi percorrido por grifes que se estabeleceram em países emergentes, que foram capazes de sustentá-las em períodos de crise. A Chanel, por exemplo, tem o brasileiro como o sétimo maior consumidor dos seus produtos no exterior, fazendo com que a grife tenha metas diferentes para o mercado brasileiro. É o caso também da Louis Vuitton, que já tem seis lojas no país, consolidando suas operações em São Paulo, Rio de Janeiro e Brasília, e apostando no Brasil – os brasileiros estão no *ranking* mundial dos dez mais importantes clientes da Louis Vuitton – ao ampliar suas operações com a inauguração de uma *global store* de 1.200 m². Nessa loja, o cliente poderá personalizar o seu produto Louis Vuitton, escolhendo o tipo de couro, a cor, os detalhes em metal e até a padronagem do forro. Mais duas lojas da grife foram inauguradas: no Rio de Janeiro (Village Mall) e em Curitiba (Pátio Batel).

Outro importante grupo que pretende enfrentar as dificuldades das importações no país é o PPR (Pinault-Printemps-Redoute), que inaugurou *boutiques* de suas grifes em São Paulo e Rio de Janeiro em 2012 e, em curto prazo, promoverá a expansão das suas marcas para outras cidades do Brasil.

Por fim, há uma tendência ao luxo VIP que vem ganhando destaque e adeptos através de lojas escondidas, restaurantes afastados dos *points* famosos e salões de beleza em lugares improváveis; são espécies de clubes que só permitem a entrada de sócios devidamente encaminhados pela única propaganda existente: o "boca a boca". Além dessas características, nesses estabelecimentos não há placa na fachada: só se entra após tocar a campainha, havendo uma relação pessoal com quem atende, geralmente os próprios donos. A Daslu começou assim.

O restaurante Chez Airys em São Paulo possui esse perfil, pois funciona na casa do famoso chef Airys Kury, que só atende com reservas e para pessoas seletas. Uma explosão de experiências que vão desde a decoração dos ambientes, até o menu.

CAPÍTULO X
EMPRESAS BRASILEIRAS DE SUCESSO

Neste capítulo, será avaliado, através das empresas brasileiras reconhecidas em cada ramo, o respeito mundial que o mercado brasileiro do luxo vem ganhando. As empresas apresentadas ensinam, através da sua trajetória, os segredos do sucesso no segmento do luxo. No ramo da moda temos a empresa Daslu; na aviação, a Embraer; em hotelaria, o Hotel Fasano; em joalheria, a H. Stern; no segmento náutico, a Schaefer; na saúde, o Hospital Albert Einstein; e no segmento financeiro, o Banco Safra.

Esses empreendimentos têm, em seu currículo, um ótimo *benchmark,* que é referência para as demais empresas, nos respectivos segmentos, e para todos que se interessam por histórias de sucesso empresariais. Todas possuem traços em comum, como: a estratégia na exigência pela excelência na prestação de serviços, através da incansável busca pelo melhor atendimento; e a inovação no *design* diferenciado de seus produtos, procurando acompanhar o desejo pelo novo de seus consumidores – o que as faz ganharem a admiração dos seus clientes, tornando-as referência em seu ramo de atuação, obtendo essa imagem de prestígio.

10.1 DASLU

Em 1958, Lucia Piva de Albuquerque e sua sócia Lourdes Aranha atendiam as amigas em uma casa no bairro residencial da Vila Nova Conceição. Com o tempo, essa casa, que deu origem à Daslu, deixou de ser um negócio doméstico quando, nos anos 1960, passou a ocupar uma casa inteira e, logo após, foi incorporando as casas vizinhas, mas mantendo o charme de uma "residência" com salas aconchegantes e gazebos iluminados. Nesse espaço não havia vitrines, nem indicação do nome na porta. Com o conceito de atendimento personalizado, a loja fazia desfiles para clientes, desenvolveu catálogos com as coleções e lançou uma revista customizada de moda.

Até o começo da década de 1980, a Daslu comercializava exclusivamente marcas fabricadas no Brasil. Após a morte de Lucia, sua filha Eliana Tranchesi assumiu o negócio e propôs mudanças para a empresa, dentre elas, a criação de uma linha própria de roupas. Em meados de 1990, a empresária Eliana resolveu apostar no mercado de moda masculina. A Daslu ainda incluiu em suas lojas produtos de decoração e artigos de luxo.

Na verdade, a Daslu foi a responsável pela entrada de grandes marcas no país, como: Dolce & Gabbana, Giorgio Armani, Louis Vuitton, Christian Dior, Prada, Chanel, Burberry, Salvatore Ferragamo, Gucci, Fendi, Chloé, Cacharel, Yves Saint Laurent, Goyard, Tom Ford e Tods. Com isso, a empresária conseguiu provar que o Brasil era um bom mercado para a moda de luxo.

No entanto, com o sucesso da loja, a associação de moradores do bairro da Vila Nova Conceição exigiu que a loja saísse do local. Então, em 2005, a empresa mudou-se para um espaço criado especialmente para ela, a Villa Daslu, no bairro da Vila Olímpia. Um verdadeiro "templo do consumo", esse espaço contava com 20.000 m^2 e uma decoração no estilo neoclássico, abrigando mais de 60 marcas renomadas.

De fevereiro de 2008 a fevereiro de 2010, a Villa Daslu – *shopping* com 70 lojas anexas à *boutique* de luxo Daslu – foi gerenciada pela BR Malls, maior empresa do setor de *shopping centers* do país. Além de fazer com que as grifes internacionais fizessem sucesso no país, Eliana conseguiu fazer com que a moda brasileira se destacasse lá fora, através do *showroom* de sua marca em Paris, no hotel Plaza Athénée.

Com as crises econômicas do Hemisfério Norte, a empresa começou a ter alguns problemas. Eliana Tranchesi foi presa por sonegação e fraude na importação, através da Operação Narciso em 2005, sendo condenada a uma pena de 94 anos e liberada para tratamento depois de descobrir que estava com câncer de pulmão.

Com as crises financeiras, a Daslu entrou com pedido de recuperação judicial na Vara de Recuperações Judiciais de São Paulo, em julho de 2010. Assim, a loja não precisou parar seu funcionamento para quitar as dívidas com o fisco paulista.

Em fevereiro de 2011, a empresa foi comprada pelo fundo Laep Investiments. Com a chegada desse grupo, a Daslu investiu na abertura de uma loja virtual e em uma filial, localizada no *shopping* Fashion Mall, no Rio de Janeiro. A inauguração ocorreu em novembro de 2011, superando todas as expectativas de vendas no mês.

Eliana Tranchesi faleceu precocemente, aos 56 anos, em fevereiro de 2012, em decorrência das complicações inerentes ao câncer de pulmão, agravado por uma pneumonia.

A Daslu é um *case* de *marketing* e responsável pelo início do mercado do luxo no Brasil.

10.1.1 HOMENAGEM PÓSTUMA A ELIANA TRANCHESI

Não posso fazer simplesmente um silêncio respeitoso, neste dia da morte de Eliana Tranchesi. Mulheres empreendedoras, visionárias e corajosas como ela merecem muito mais. Merecem um féretro majestoso e sentido, soluços e lágrimas de pesar. Pois não me venham, com pedras na mão, os patrulheiros falarem em débitos com o fisco, pois é à Eliana que a Receita do Brasil deve muito mais. Deve a ela ter aberto os olhos e a atenção do mundo para o mercado brasileiro do luxo. Não apenas o mercado que consome as grifes estrangeiras, que Eliana brilhantemente reuniu num templo único sobre a Terra, a Daslu paulistana, como em capital alguma do mundo havia igual. Falo do mercado brasileiro que produz luxo. Pois uma coisa puxa a outra. Bastou os estrangeiros aportarem aqui trazidos por ela, para os nacionais rapidinho passarem a produzir luxo também, cortejando e disputando o mesmo mercado, quer com seus produtos colocados na mesma Daslu, quer ousando investir em suas lojas próprias suntuosas. E assim foram se multiplicando no país as marcas de luxo brasileiras, as muitas lojas multimarcas, à exemplo da Daslu, que hoje proliferam, não só nas capitais, mas em todas as grandes cidades.

Estão aí, por toda parte, as "crias" da Daslu, vendendo, empregando, produzindo, gerando divisas. Tudo fruto da visão dessa mulher extraordinária, incansável, trabalhadora, dedicada e silenciosa. Que não abria a boca sequer para se defender. Discreta, quieta, voltada exclusivamente, 24 horas de seus dias, noites e madrugadas, para seu trabalho, sua Grande Filha: a Daslu. E criou um padrão, um modelo comercial. Criou também as Dasluzetes, quando, pela primeira vez, vimos sobrenomes brasileiros coroados disputando, quase a tapa, o privilégio de trabalharem como vendedoras numa loja. O que dignificou também a atividade comercial, até então vista como uma profissão de segunda classe.

Como sua declarada admiradora, quando o mundo desabou sobre ela, tomei um avião e fui a São Paulo, expressamente para abraçá-la, apesar de não ser sua íntima nem muito próxima. Apenas para demonstrar minha solidariedade e admiração. Cheguei à linda loja e me anunciei. Eliana interrompeu sua rotina pesada

– sei o que isso custa para uma pessoa realmente ocupada –, e gentilmente foi me encontrar, acho que na loja do Valentino. Nos cumprimentamos, nos abraçamos, falei de minha imensa admiração por ela e não tocamos diretamente no assunto em pauta nas manchetes dos jornais. Mas ela sabia por que eu estava ali. Não nos vimos mais...

Eliana colecionou e disseminou pioneirismos no comércio do luxo e no comércio da moda, num país em que o emaranhado de leis e o labirinto burocrático travam, enclausuram, imobilizam e praticamente tornam inviável qualquer voo diferenciado. Não estou com isso tentando justificar o injustificável: o drible de leis. Mas quem é do ramo sabe que é praticamente impossível para um empreendedor visionário e sonhador, que pensa longe e pensa grande, sair do lugar, crescer, se expandir, submetido a essa armadura brasileira chamada conjunto de leis fiscais e trabalhistas, que muitas vezes só funciona se bem azeitado com um combustível chamado "molhar a mão"...

O Brasil, porém, está mudando. Parece que está. Tomara. Que a morte de Eliana Tranchesi, vítima do "câncer da humilhação", sirva de alerta para que sejam apressadas as inadiáveis reformas fiscais, que há tanto repousam em berço esplêndido em nosso Congresso.

Hildegard Angel

Hildegard Angel é uma das mais respeitadas jornalistas do Rio de Janeiro. Durante mais de 30 anos foi colunista no jornal *O Globo*, quer cobrindo a sociedade quer cobrindo comportamento, artes e TV, tendo assinado, por mais de uma década, a primeira coluna de TV daquele jornal. Nos últimos anos, manteve uma coluna diária no *Jornal do Brasil*.

10.2 EMBRAER

A Embraer (Empresa Brasileira de Aeronáutica), companhia brasileira fundada em 19 de agosto de 1969 e privatizada em 1994, é hoje a 3ª maior fabricante de aeronaves comerciais do mundo, com mais de 4.000 aviões produzidos (2009), voando em mais de 60 países, com quase 17.000 funcionários (85% no Brasil), tendo sido também, em 1999 e 2001, a maior exportadora brasileira e, de 2002 a 2005, a segunda maior. Os principais acionistas da empresa e com direito a voto são: o fundo de pensão PREVI (Banco do Brasil) e a Companhia Bozano, que detêm hoje 21,8% das suas ações.

Em 1999, a Embraer formalizou uma aliança estratégica com as maiores empresas aeroespaciais europeias, que detêm hoje cerca de 20% de seu capital social, são elas: Snecma, EADS, Dassault Aviation e Thales, o que facilitou a entrada em mercados mais fechados e competitivos. A história de sucesso da empresa começou com os seus primeiros aviões de sucesso no exterior: o Bandeirante e o Xingu, turbo-hélices, que invadiram o mercado brasileiro e norte-americano em suas categorias, elevando o nome da empresa como indústria internacional de aviação regional e comercial. Entretanto, como a empresa estatal era deficitária, o governo federal leiloou a companhia num dos diversos leilões promovidos pelo BNDES, sendo, hoje, um grupo saudável, poderoso e muito lucrativo, num mercado extremamente competitivo.

A empresa brasileira detém, hoje, 45% do mercado mundial de jatos de transporte regional, com toda uma família bem-sucedida de aviões comerciais voltada à avião regional, onde o pioneiro foi o Brasília EMB-120, e, logo após, o ERJ-135 (jato para 37 passageiros), o ERJ-140 (jato para 44 passageiros) e o ERJ-145, para 50 passageiros, além das novas versões maiores: o EMB-170/175, EMB-190/100 e ERJ-190/200, para 70, 98 e 108 passageiros, e o EMB-195, para até 118 passageiros.

Além dos aviões comerciais, a empresa desenvolve também um importante papel estratégico na aviação militar brasileira, que possui hoje, entre suas aeronaves, 50% dos modelos fabricados pela Embraer. E outras dezenas de forças aéreas mundiais utilizam suas aeronaves militares.

A empresa marcou a sua entrada, definitivamente, no mercado mundial corporativo efetuando, em setembro de 2001, a entrega de seu primeiro jato executivo, o Legacy, baseado no ERJ-135. Ele disputa a fatia do mercado de jatos executivos de médio porte e já possui centenas de aeronaves vendidas.

Em 2003, a Embraer formou uma parceria com a empresa alemã Liebherr International e, juntas, compõem agora a Embraer Liebherr Equipamentos do Brasil S.A., empresa que se dedica ao segmento de trens de pouso e componentes hidráulicos. O principal destaque da Embraer em 2006 foi a certificação do EMB-195, com capacidade para até 118 passageiros e autonomia para pouco menos de 4.000 km. A aeronave é utilizada em rotas comerciais leves, regionais e nacionais. A sede da Embraer fica no Estado de São Paulo, com a indústria localizada em São José dos Campos.

Desde a sua criação, a Embraer é capaz de transformar ciência e tecnologia em engenharia e capacidade industrial, o que permitiu à empresa alçar um novo patamar tecnológico e industrial. A partir de 2004, quando entrou em operação a nova família de jatos comerciais EMBRAER 170/190, além da confirmação da presença definitiva da empresa no mercado de aviação executiva, com o lançamento de novos produtos, a companhia expandiu suas operações no mercado de serviços aeronáuticos, estabelecendo bases sólidas para o desenvolvimento do futuro da empresa. Com uma base global de clientes e importantes parceiros de renome internacional, há mais de 40 anos a Embraer contribui para integrar o mundo pela aviação, diminuindo distâncias entre povos e oferecendo o que existe de mais moderno em tecnologia, versatilidade e conforto em aeronaves.

10.3 BANCO SAFRA

"Se escolher navegar os mares do sistema bancário, construa seu banco como construiria seu barco: sólido para enfrentar, com segurança, qualquer tempestade."

Jacob Safra

O banco foi fundado por três irmãos da família Safra: Moise, Edmond e Joseph, no ano de 1955. Como seus fundadores são de origem judaica, o banco tornou-se o preferido da comunidade israelita que vive no Brasil. Atualmente, a instituição pertence a Joseph Safra, que comprou a parte de seu irmão, Moise. Edmond vendeu sua participação, poucos anos após a inauguração. Em 1956, ele se mudou para a Suíça e, seis anos depois, para os Estados Unidos. Em 1966, Edmond fundou o Republic National Bank, em Nova York.

Quando começaram a operar sua financeira no Brasil, os Safra conheciam técnicas que os banqueiros brasileiros não dominavam. A família vinha de uma região em que o comércio e seus instrumentos financeiros são complexos há centenas de anos. No Brasil, ao contrário, as técnicas financeiras eram primárias no início da década de 1960. Foram eles os primeiros a usarem a letra de câmbio e a pagarem juros a quem depositasse dinheiro em sua casa, o equivalente a uma conta remunerada. Dois anos depois da fundação da financeira, ela já era a maior do país.

A filantropia dos Safra:
- Compraram em leilão os manuscritos da teoria da relatividade, de Einstein, e os doaram a um museu de Israel.
- Doaram cinco esculturas de bronze de Rodin à Pinacoteca do Estado, em São Paulo.
- Investiram 2 milhões de dólares em projetos culturais em 2011.
- Construíram a maior sinagoga de São Paulo.

O Banco Safra encerrou o exercício de 2011 com um lucro líquido de R$ 1.254,4 milhões, 19,7% superior aos R$ 1.048,1 milhões registrados em igual período de 2010. É um dos 10 maiores bancos do Brasil e sua sede está em São Paulo.

10.4 H. STERN

A H. Stern foi criada em 1945 por Hans Stern, jovem judeu alemão radicado no Rio de Janeiro. Atualmente, a empresa conta com 165 lojas próprias e 170 pontos de venda em 32 países. Ela se tornou uma empresa brasileira de sucesso no ramo de joias, só perdendo para a empresa Tiffany, a *top of mind* (41%) da pesquisa entre as joalherias no Brasil. No entanto, a H. Stern é a que tem maior presença entre os consumidores com menos de 25 anos (31%), o que indica um futuro promissor para a marca. Essa preferência e o sucesso se devem: à preocupação com o *design* inovador, campanhas publicitárias ousadas, lançamentos constantes e à sua presença nas mídias sociais, com blog, Twitter e página no Facebook. Além disso, visando a admiração do seu público, a empresa oferece um mergulho no seu criativo processo de fabricação de joias, através de uma visita guiada à oficina, para que os visitantes acompanhem o passo a passo de todo o processo.

A empresa é reconhecida pela qualidade e inovação nas suas ações. Desde os primórdios, a exigência pela qualidade era quase obsessiva, a ponto do criador da empresa trazer da Europa, na década de 1940, técnicos em lapidação e joalheria para prestarem serviços para a companhia. Em 1947, a joalheria inova ao criar o certificado de garantia internacional para comprovar a qualidade de suas joias. Além da qualidade do produto, a H. Stern sempre focou, incansavelmente, o atendimento, através de grandes investimentos no treinamento da equipe comercial, promovendo formação especializada a seus vendedores por meio da universidade corporativa H. Stern. A escola tem diversas etapas de formação, como a de ambientação à empresa, passando por estágios de conhecimento de produto e chegando ao atendimento ao cliente, além de promover reciclagens constantes, testes sobre conhecimento dos valores e da política da empresa.

As suas coleções especiais são destaque na inovação por se inspirarem em elementos alheios ao mundo da joalheria, cativando especialmente o público jovem, como a inspirada em Alice no País das Maravilhas, em parceria com a Disney. Além disso, a companhia ganha cada vez mais destaque nas ações com celebridades, através de campanhas com nomes internacionais em grandes eventos, como foi o caso da 82ª edição da entrega do Oscar, no Kodak Theatre, em Los Angeles, onde a atriz Kristen Stewart, que foi a estrela dos filmes *Crepúsculo*, usava no braço um bracelete Marquis de ouro branco e diamantes H. Stern, avaliado em US$ 224 mil, fazendo a marca assumir a primeira colocação no *ranking* dos objetos de desejo. Na mesma ocasião, a cantora Mariah Carey portava um bracelete Floral Top de ouro branco e 452 diamantes de quase 40 quilates, com preço em torno de US$ 720 mil, como as atrizes Hayden Panettiere, Zoe Saldana e Marisa Tomei.

É assim que funciona o mercado do luxo mundial, e a H. Stern destaca-se, cada vez mais, em sua trajetória. A história de 67 anos da grife sempre contou com o cuidado extremo na criação e produção, o *design* diferenciado e o atendimento cuidadoso, tornando-se as bases para a construção de uma imagem de prestígio e tradição, e o acesso a celebridades internacionais, gerando um excelente impacto.

10.5 HOSPITAL ALBERT EINSTEIN

O Hospital Israelita Albert Einstein (HIAE) foi fundado pela comunidade judaica no bairro do Morumbi, na cidade de São Paulo, em 4 de junho de 1955. É um dos hospitais mais conceituados da América Latina e um dos mais importantes do Brasil, com cerca de 4.500 médicos cadastrados, sendo capaz de atender a todas as demandas da cadeia de saúde: prevenção, diagnóstico, exames, tratamentos e reabilitação, destacando-se pelo seu desempenho em procedimentos de alta complexidade. Além disso, é também o hospital privado mais moderno da América Latina. Em 1999, foi a primeira instituição de saúde fora dos Estados Unidos a ser reconhecida pela Joint Comission International (a certificadora mais importante do mundo de serviços de saúde).

A filosofia desse prestador de serviços inserido na área de saúde é acreditar que seu trabalho não é tratar doenças, mas cuidar de pessoas. A excelência dessa companhia, assim como as outras empresas de sucesso, está na constante busca pelo melhor atendimento, com foco nos seguintes diferenciais: atendimento humanizado, com programas específicos para aproximar o paciente e sua família do hospital; os melhores profissionais clínicos e de assistência, atualizados continuamente; constantes investimentos em tecnologia, como na década de 1970, quando possuía os dois primeiros equipamentos de ressonância magnética da América Latina. E continua na liderança, tendo adquirido, em julho de 2007, o da Vinci Surgical System – um sistema que traduz, em tempo real, os movimentos das mãos de um cirurgião em gestos milimetricamente precisos.

O Hospital Albert Einstein é hoje o maior centro transplantador hepático da América Latina, realizando cerca de 120 transplantes de fígado por ano, quase 30% da média nacional. Convênios com o Ministério da Saúde e a Secretaria de Saúde do Estado de São

Paulo os permitiram democratizar o acesso a essa medicina de alta complexidade. Mais de 90% dos transplantes de fígado, rins e pâncreas realizados pelo Einstein, entre 2002 e 2004, se deram por meio do SUS (Sistema Único de Saúde). Importante ressaltar que, em nenhum momento, essa democratização comprometeu a qualidade. Ao contrário,, a taxa de infecção registrada no período 2002-2003 foi inferior à norte-americana. E a sobrevida dos pacientes, após um ano de transplante, é superior a 90%, equiparando-se aos melhores resultados dos Estados Unidos e da Europa. Com o objetivo de oferecer acompanhamento ambulatorial aos pacientes do SUS, no pré e no pós-transplante, o hospital inaugurou, em 2002, o Centro de Transplante Albert Einstein, uma unidade exclusiva e independente, localizada na Avenida Brasil, em São Paulo.

A ênfase em procedimentos de alta complexidade não descaracteriza o Einstein como hospital geral, capaz de atender a todas as demandas do ciclo de prevenção, diagnóstico, tratamento e reabilitação. Vale mencionar, também, o importante programa de assistência social na comunidade de Paraisópolis, próxima ao hospital.

O HIAE, consagrado no Brasil e internacionalmente, continua inovando ininterruptamente sua performance. Alguns exemplos:

- Novo modelo de acolhimento, ao implantar, no início de 2003, o programa "Einstein Acolhendo Você", com o objetivo de tornar ainda mais cordial e caloroso o relacionamento dos seus colaboradores com os clientes e seus acompanhantes – mais de 3 mil funcionários passaram por rigorosos treinamentos, incorporando com êxito as diretrizes do programa às suas práticas diárias.
- Novo modelo assistencial, buscando fortalecer o vínculo com os clientes e otimizar os serviços prestados, chamado de o Enfermeiro de Referência, que integra todo o trabalho da equipe de enfermagem mobilizada no caso, centraliza as orientações

dos médicos, acompanha passo a passo a evolução do paciente e oferece a ele e sua família todo o conforto e a segurança que só um interlocutor com elevados valores humanos e sólida formação profissional pode proporcionar.

- Integração de programas de assistência: uma iniciativa de vanguarda, alinhada com as mais recentes tendências do cenário médico internacional, proporcionando ao paciente de alta complexidade um atendimento multidisciplinar e multiprofissional, que otimiza o combate à enfermidade e aumenta as perspectivas de cura.

10.6 HOTEL FASANO

O Hotel Fasano, empreendimento brasileiro de sucesso no ramo hoteleiro, foi idealizado para ser um dos mais exclusivos hotéis de São Paulo. Projetado pelos arquitetos Isay Weinfled e Márcio Kogan, recebeu um investimento de R$ 50 milhões na sua construção, sendo erguido com tijolos ingleses. Um dos trunfos do luxuoso hotel de padrão internacional é o investimento constante na alta qualidade de atendimento e serviços.

O estabelecimento alia o que há de melhor em termos de serviço e *design* que se pode oferecer em um hotel de luxo. O segredo do sucesso do Fasano é a riqueza de detalhes exclusivos. O interior do hotel é marcado pela simetria, pelo refinamento e pela austeridade de materiais nobres, como mármore travertino e madeira, além de uma decoração com direito a cadeiras desenhadas por Hans Wagner e poltronas trazidas diretamente de antiquários na França. O detalhamento exaustivo incluiu desde o desenho das pequenas placas de sinalização até os botões da campainha. É o hotel preferido de muitas celebridades. Ele se tornou referência também para quem procura um ambiente sofisticado e total discrição.

O empreendimento abriga: dois bares, dois restaurantes, centro de convenções, áreas administrativas, sala de ginástica, massagem, piscina e 64 apartamentos. O primeiro pavimento é ocupado pelo restaurante do hotel, o Nonno Ruggero, onde são servidos café da manhã e *brunch*. Já os 64 apartamentos estão distribuídos em 19 andares: nos 14 primeiros pisos há quatro unidades menores por andar; nos três pavimentos seguintes, vêm as acomodações de dimensão intermediária, que dividem o andar em dois; e, nos dois próximos pisos, há uma suíte em cada. Os três últimos andares do hotel abrigam a sala de massagens, sala de ginástica e a piscina, que está no rol das referências, lembrando a da Therme de Vals, na Suíça. As duas principais atrações do hotel são: o Fasano, um dos mais requintados restaurantes da cidade e que traz a tradição gastronômica de família, e o Baretto, um intimista e refinado bar, famoso por realizar shows exclusivos de artistas do calibre de Caetano Veloso, Maria Rita, Edu Lobo, dentre outros.

O hotel está localizado nos Jardins, zona oeste de São Paulo, em uma rua de apenas um quarteirão. Foi projetado a partir da colagem de referências diversas, que misturam protomodernismo, *art déco*, minimalismo (estilo Peter Zumthor), pormenores de antigos edifícios anglo-saxões e influências da elegância e espacialidade de Aurélio Martinez Flores, tudo em clima nostálgico. No entanto, a sua aparência revela raiz protomodernista, movimento do início do século passado que misturava elementos clássicos (como plantas simétricas, volumes compactos, forte relação do prédio com a rua, volumes fenestrados por pequenos vãos) e modernos (curvas, marquises e pestanas, ausência de ornamentos). Reforçando essa impressão, a torre é coroada por um relógio.

10.7 SCHAEFER YACHTS

A Schaefer Yachts, empresa brasileira fundada em 1992, em Palhoça, Santa Catarina, por Márcio Luz Schaefer, é referência nacional e no exterior em lanchas de alto padrão. Atualmente, a empresa ainda está sediada no município de Palhoça, na Grande Florianópolis, em uma área de 15 mil m², gerando 600 empregos diretos e, aproximadamente, 1.500 indiretos, possuindo uma produção altamente verticalizada, com setores próprios de: engenharia e desenvolvimento de novos produtos, laminação de cascos e peças em fibra de vidro, marcenaria, modelagem, estofaria, elétrica e tecnologia de informação.

A experiência de seu proprietário na construção de barcos e a sua intimidade com o mar tornou possível a construção de lanchas de luxo que primam pelo *design*, desempenho e todo um estilo de vida sobre as águas. Nos primeiros anos da empresa já teve início a produção da linha Phantom, que até hoje nomeia as embarcações do estaleiro catarinense. Hoje, a Schaefer Yachts fabrica lanchas de até 60 pés, estando presente em todo o litoral brasileiro e em diversos países da América do Norte, América do Sul, Europa, África e Oriente Médio, com mais de 2 mil barcos navegando pelo mundo – cerca de 15% da produção é exportada para países como Noruega, Suécia, Estados Unidos, Itália, Jordânia e Angola.

Atualmente, são produzidos sete modelos de barcos: Phantom 260, Phantom 300, Phantom 360, Phantom 385, Phantom 500 HT, Phantom 500 FLY e Phantom 600, sendo que, em breve, será lançada a nova Phantom 800. Os produtos são totalmente concebidos pela empresa, feitos especialmente para a navegação nos trópicos. Esta é a única empresa brasileira do setor com esta característica.

Em 2010, a Schaefer Yachts inaugurou uma tecnologia que revoluciona a fabricação de lanchas no país: uma máquina fresadora computadorizada, a quinta maior do mundo, que corta os moldes em um sistema totalmente informatizado, reproduzindo exatamente o que foi projetado, reduzindo drasticamente o tempo de confecção dos moldes, deixando a empresa ainda mais à frente da concorrência. Atualmente, a companhia fabrica cerca de 25 barcos por mês, entre lanchas de 26 e 50 pés.

CAPÍTULO XI
BRASIL E O FUTURO DO MERCADO DO LUXO

NESTE CAPÍTULO será avaliado o Brasil sobre o prisma do futuro. Diante de todo o recente caminho percorrido, gerou-se uma empolgação sobre o comércio brasileiro; mas será que é apenas algo passageiro ou há dados com perspectivas sólidas de um futuro para esse mercado nacional? Em busca de uma resposta a essa questão, avaliaremos os dados gerais do Brasil e, em seguida, a situação quanto às oportunidades do mercado do luxo. Aliás, essas oportunidades deverão respeitar uma nova consciência ambiental: a sustentabilidade. Por isso, veremos o que as empresas estão fazendo para atender a essa nova consciência.

Entretanto, só será possível pensar nesse futuro se o Brasil tiver boas perspectivas de chegar lá. Para isso, é importante ter em mente que, no mundo dos negócios, o tema central que atrai os investidores é a perspectiva de consumo de um país e, nessa questão, segundo projeções, em 2020, o Brasil passará a ter um mercado de R$ 5 trilhões, 130% mais do que atualmente, e passará a ter o quinto maior mercado consumidor do mundo, atrás apenas dos Estados Unidos, Japão, China e Alemanha. Se tudo isso se concretizar, significa que, em quatro anos, 72% da população – um total de 144 milhões de pessoas – serão, no mínimo, de classe média baixa.

Essa análise de consumo está pautada na rápida migração entre as classes sociais – o país conta com o alto potencial de consumo da nova classe média. Entre 2000 e 2008, 35 milhões de pessoas ascenderam socialmente. Nesse período, por exemplo, 23,5 milhões de brasileiros subiram das classes D e E para a classe C. E é a partir dessa classe, a C, que o consumo se estabelece. Os brasileiros já consomem produtos e serviços em volume suficiente para formar um comércio que não pode mais ser ignorado. O ritmo de crescimento do mercado brasileiro supera o dos Estados Unidos, Europa e Japão, tradicionais devoradores de produtos.

Além dessa oportunidade do mercado interno, a notoriedade que o país ganhou possibilitou a internacionalização de muitas empresas brasileiras, sobretudo no mercado do luxo, que ainda é muito restrito aos países tradicionais desse mercado. É o caso, no setor de joalheria, da H. Stern; no setor da moda, da Isabela Capeto, do Ronaldo Fraga, da Cecília Prado, e dos estilistas Cris Barros, Alexandre Herchcovitch e Carlos Miele; na moda praia, da Adriana Degreas, da Lenny, e da Osklen; no setor de sapatos, de Alexandre Birman.

Esses são sinais claros da atual situação do mercado brasileiro e demonstram o apetite de consumo e a projeção do comércio brasileiro para o mercado mundial, onde o Brasil ganha cada vez mais espaço e respeito no segmento do luxo.

11.1 O BRASIL É UM MERCADO PROMISSOR?

Esse questionamento serviu de base para, indiretamente, construir os capítulos deste livro. E, de forma mais direta, surgiu a necessidade de responder e eliminar de vez qualquer dúvida quanto a esse questionamento. Na realidade do país, pode-se dizer que a resposta para essa pergunta vem sendo respondida desde o primeiro semestre de 2008, quando, em menos de trinta dias, o Brasil ganhou o grau de investimento dado por duas agências de classificação de risco, a Standart & Poor's e a Fitch, entrando de vez na listagem dos países seguros para se investir.

Além disso, diferentemente das crises financeiras mundiais pós-1994 – que trouxeram enormes prejuízos à economia brasileira – a crise financeira mundial de 2008 representou um sinal para o mundo da força do mercado brasileiro. Ela trouxe uma queda de 0,2% no PIB e de 7% na produção industrial, o que foi insignificante diante das consequências fora do país. O fato é que o Brasil entrou mais tarde e saiu mais cedo da recessão, com uma desvalorização apenas moderada do câmbio, que foi rapidamente revertida, e o Banco Central ainda pôde, pela primeira vez em muitas décadas, reduzir os juros primários durante uma crise externa, além de não haver, em nenhum momento, nenhum tipo de dúvida sobre a capacidade do Estado brasileiro de honrar seus compromissos financeiros ligados às dívidas interna e externa. Atualmente, quando se olha para o resto do mundo, vê-se que o país está muito bem.

Aliado a isso, existe a favor do país a estabilidade política e econômica, onde há 17 anos o país vive sem inflação e com uma responsabilidade econômica respeitável, baseada no câmbio flexível e na responsabilidade fiscal e de metas inflacionárias. Um outro ponto que dá segurança para os investidores é o fato de o Brasil ser também uma democracia representativa em pleno funcionamento, sem risco de ruptura constitucional, e com segurança jurídica.

É bem verdade que o crescimento do PIB brasileiro possa ser traduzido em um cartão de boas-vindas para o futuro. A expectativa é que ele cresça em torno de 5% nos próximos anos, superando de longe uma eventual elevação do PIB dos Estados Unidos e de qualquer país europeu. Esse cartão transforma em oportunidades de bons negócios algumas questões que seriam problemas, se fossem em outros países, como os gargalos da infraestrutura com as notórias deficiências nos aeroportos, portos e ferrovias, onde, segundo o governo, serão necessários investimentos na ordem de R$ 840 bilhões, até 2014.

Uma questão recente, mas que será a mola propulsora para o país, é o índice demográfico, que revela o percentual da faixa da população economicamente ativa (entre 15 e 64 anos). Todos os países hoje considerados desenvolvidos se beneficiaram de mudanças no perfil populacional para atingirem estágios mais elevados de renda e qualidade de vida. Na China, estima-se que o bônus demográfico tenha sido responsável por até 30% do crescimento do PIB da última década, e ainda terá cerca de 20 anos de bônus demográfico. Segundo o Banco Mundial, o PIB *per capita* antes do bônus demográfico era de US$ 315 e, atualmente, é de US$ 4 mil.

Em 2010, quando a população brasileira era de 193 milhões, 67% (130,6 milhões) eram de pessoas economicamente ativas (faixa entre 15 e 64 anos), o que permanecerá crescendo até 2020, quando sua população atingirá o ponto mais alto dessa curva, com 207 milhões de pessoas, sendo 70,7% (146,4 milhões) de pessoas economicamente ativas. A partir daí, esse índice começará a cair em razão da atual baixa da taxa de natalidade (considera-se a faixa de zero a 14 anos – em 2010, a taxa era de 26,6%, 49,4 milhões; em 2020, a taxa deverá ser de 20,1%, 41,5 milhões, e, em 2050, chegará a 13,2%, 28,3 milhões). Em 2050, com uma população de 215 milhões, o número de pessoas economicamente ativas será de 64,1%, 138 milhões. O índice demográfico é importante porque, dentro do crescimento do PIB, atribui-se 2,5% ao resultado dessa taxa demográfica, o que, por si só, levaria o país, em 2030, a um PIB de US$ 3,3 trilhões, 50% maior que o atual. Já com as atuais taxas de crescimento de 4,5%, o país chegaria a US$ 4,8 trilhões – mais que o dobro do atual – tendo um padrão de renda equivalente ao que Portugal tem, atualmente.

Ao transpormos esses números para o setor bancário, em dez anos teremos a abertura de 100 milhões de novas contas e um consequente aumento de 50% no número de agências bancárias, significando a criação de 150 mil postos de trabalho. Já na área de cosméticos, onde o Brasil é o terceiro maior do mundo, crescendo a uma taxa de 9,6% ao ano, chegará a um faturamento, em 2020, de US$ 108 bilhões, quase o dobro do observado atualmente nos Estados Unidos (o primeiro nesse segmento). Nos serviços médicos, os brasileiros gastam pouco mais de US$ 56 bilhões, devendo alcançar US$ 112 bilhões em 2020, mais do que o gasto atual da Alemanha, que é em torno de US$ 90 bilhões.

Um outro setor que sofrerá impacto é o da construção civil: estima-se que a cada ano cerca de 1,7 milhão de novas famílias sejam formadas no país. Em 2030, serão pelo menos 35 milhões de novas famílias. Em 2007, as famílias tinham, em média, 3,1 pessoas, já em 2030, prevê-se apenas 2,4 pessoas por residência. Um outro setor que sofrerá impacto pelas mulheres e homens maduros será o de automóveis. Atualmente, os veículos compactos respondem por 69% do mercado brasileiro, ante 15% dos sedãs médios; já em 2020, a participação dos populares deve cair para 63%, enquanto a dos médios subirá para 20%. O mercado de carros de luxo deverá dobrar para mais de 50 mil unidades ao ano.

Abaixo são apresentados os impactos que o índice demográfico gerará nos principais segmentos.

Tabela 13: Impacto do índice demográfico por segmentos

SEGMENTOS	CRESCIMENTO ANUAL (%)	2010 (EM BILHÕES R$)	2020 (EM BILHÕES R$)
Previdência Privada (*)	19,7	229	1.383
Educação	9,6	160	399
Produtos Farmacêuticos	9,5	80	200
Serviços Hospitalares	9,5	99	246
Lazer e Recreação	9,3	76	184
Pacotes de Viagem	8,3	6	13
Higiene e Beleza	8,3	83	184
Móveis e Decoração	8,4	112	251

Fonte: Euromonitor, (*) Fenaprevi/ BrasilPrev

Entretanto, todo esse crescimento econômico do país e as oportunidades resultantes dele têm aberto mercados em regiões inimagináveis, como a norte, carente de infraestrutura. Esse território, que estava isolado em meio à floresta, acossado por chuvas torrenciais e castigado por um forte calor, está mudando a sua história devido ao impulso econômico recebido. Esse novo momento para essa região é resultado do movimento de construção de grandes obras de infraestrutura iniciado há poucos anos. Hoje, mais de 50 estradas, ferrovias, pontes, siderúrgicas e usinas estão brotando na região norte – o investimento nesses projetos chegou a R$ 13,4 bilhões em 2009. Abaixo, há uma tabela com o volume de investimentos no território, nos últimos anos, e, em seguida, um comparativo entre o crescimento das regiões e a média do Brasil no ano de 2010.

Tabela 14: Investimentos na região Norte

2005	2006	2007	2008	2009
R$ 2,6 bilhões	R$ 2,6 bilhões	R$ 4,6 bilhões	R$ 5,8 bilhões	R$ 13,4 bilhões

Tabela 15: PIB X taxa de crescimento em 2010

Área	PIB (em R$)	Crescimento (%)
Brasil	2,6 trilhões	7,2
Norte	133 bilhões	12,1
Sudeste	1,5 trilhão	6,9
Sul	356 bilhões	6,9
Nordeste	348 bilhões	7,1
Centro-Oeste	236 bilhões	7,3

Além desse forte investimento em infraestrutura, a região tem uma característica bem interessante. Diferentemente do que acontece no nordeste, o crescimento do norte não é impulsionado pela transferência de renda através de programas como o bolsa--família: a região tem uma população jovem e ativa, com 88% da renda proveniente do trabalho.

Essa característica é bem percebida ao avaliarmos esse impacto econômico nas classes sociais. Desde 2005, 20% dos nortistas ascenderam das classes D e E para a C, entrando no mercado do consumo. Nesse período, a soma de habitantes da região norte pertencentes às classes A, B e C passou de 60% para quase 80% de toda a população. Veja abaixo a tabela das classes econômicas nesse período.

Tabela 16: Evolução das classes econômicas

Classes	2005	2010
AB	21,1%	27,2%
C	37,9%	52%
D	37,4%	19,5%
E	3,6%	1,3%

Fontes das tabelas 12, 13 e 14: FGV, IBGE, IPC Marketing Data e LCA

Um exemplo desse desenvolvimento econômico e de consumo está em Belém, capital do Pará. Durante mais de 15 anos nenhum grande centro comercial foi inaugurado na cidade. Em novembro de 2009, foi inaugurado o Boulevard Shopping, com novas lojas que atraíram 45 mil consumidores, volume este que incentivou os executivos desse projeto a lançarem um segundo empreendimento em Belém, o Parque Shopping. Juntos, os dois projetos receberam investimentos de aproximadamente R$ 700 milhões.

Enfim, é importante notar que esse momento de boas perspectivas que o Brasil vive está relacionado ao trabalho econômico e político nas duas últimas décadas, juntamente com o momento demográfico, que impulsionou tantos países. Um bom sinal desse momento está relacionado com a sua extensão territorial, que durante muitos anos serviu de obstáculo, concentrando mais o seu desenvolvimento na região sudeste, mas que, agora, por conta do seu grande desenvolvimento econômico, transforma-se em oportunidades, atraindo investimentos para regiões cujo consumo cresce sobre um mercado muito carente de empreendimentos.

11.2 OPORTUNIDADES DO MERCADO DO LUXO NO BRASIL

Oportunidades: essa é a palavra incorporada ao Brasil do futuro. O Brasil de hoje se agigantou se comparado a 5 ou 10 anos atrás, tornando-se um mercado confiável e propício para o desenvolvimento de novos produtos, em muitas áreas, para atender a diferentes classes sociais. Há muitas oportunidades de mercado para atender ao consumidor do luxo, que é muito variado, com diferentes perfis de consumo, e uma demanda crescente em todos os níveis.

Esse momento de boas oportunidades, por exemplo, já enriqueceu em 2009, aproximadamente, 50 mil novos brasileiros, que conquistaram um patrimônio equivalente a US$ 1 milhão em recursos livres para investir. Se interpretarmos essa estimativa de outra forma, poderíamos dizer que, a cada dez minutos, surgiu um novo milionário no país. Em 2015, São Paulo terá mais milionários do que Londres e Paris.

Em uma visão mais empresarial sobre as oportunidades, prevê-se que a demanda reprimida no mercado do luxo seja de 40%. No ano de 2010, esse mercado bateu recorde, com um aumento de 22% no faturamento (a média histórica registrada nos anos anteriores foi de 14%). Contudo, se olharmos para o decorrer da última década, quando o crescimento registrado do PIB brasileiro foi de 3,5%, podemos dizer que o mercado do luxo foi altamente lucrativo, pois teve um crescimento médio de 9% (quase o triplo do registrado na economia nacional).

É de se notar que, além do favorecimento do crescimento econômico, uma questão relevante quanto ao crescimento do segmento do luxo no país é que ele ocorreu, em parte, devido a uma característica desses consumidores: a impulsividade nas compras – isso gerou a chegada das primeiras lojas de algumas grifes estrangeiras, que, rapidamente, abriram outros pontos da mesma marca. Isso é facilmente percebido em São Paulo, que concentra várias lojas de determinadas grifes, sendo que o mesmo não ocorre em cidades de referência, como Paris e Milão.

Todas essas perspectivas trouxeram para o país marcas de renome com operações próprias. Em 2012 chegaram mais de 40 marcas de luxo ao Brasil – e as que não chegarem neste ano, chegarão em 2014. Há uma peculiaridade desse mercado nacional que o torna interessante para essas empresas internacionais, é o fato de ele ainda ser pouco concentrado em termos de quantidade de empresas desse segmento, o que garante menor concorrência e margens de lucro maior. Além disso, outro fator importante para a mudança de investimento das marcas de luxo foi a saturação e a quase estagnação das vendas nos mercados que eram capazes de consumir grandes volumes – como os Estados Unidos e a Europa –, o que fez com que essas marcas enxergassem e atendessem a crescente demanda pelo luxo dos países emergentes, como o Brasil.

O país é o terceiro maior mercado de cosméticos do mundo (atrás apenas dos Estados Unidos e Japão) e o segundo em perfumaria. Diante disso, o grupo LVMH resolveu investir no mercado brasileiro ao adquirir 70% do portal Sack's, de vendas *online* de cosméticos e perfumes, em 2010 (hoje, o portal já migrou o nome para Sephora, a famosa loja de produtos de beleza do grupo francês). Esse portal, que começou como uma empresa de garagem, cresceu até chegar ao faturamento de R$ 100 milhões – e só não foi melhor devido à complexidade desse segmento, onerosidade e, principalmente, à forte tributação, que é um fator limitador de crescimento. No entanto, as grandes marcas apostam que, de médio a longo prazo, esse mercado brasileiro se torne um dos mais promissores no mundo.

O mercado de artes é outro segmento rentável neste excelente momento vivido pelo país – e isso se deve, também, à forte demanda externa. Para se ter uma ideia desse mercado, na feira de arte latino-americana Pinta, que ocorre anualmente em Nova York, o público visitante cresceu quase quatro vezes entre 2007, ano de sua estreia, e 2009. Os artistas brasileiros também vêm surpreendendo nos leilões internacionais. No fim de 2009, num leilão em Nova York realizado pela Sotheby's, uma obra do artista plástico carioca Sergio Camargo foi arrematada por US$ 1,6 milhão, valor quatro vezes maior que o estimado antes do evento e próximo do recorde brasileiro estabelecido pelo quadro Abaporu, de Tarsila do Amaral, comprado em 1995 por US$ 1,8 milhão.

Já o segmento de automóveis está crescendo muito e com boas

oportunidades, devido ao financiamento oferecido. Todas as projeções são otimistas para esse mercado, que carece de mão de obra qualificada e tem oportunidades fora do eixo São Paulo, Rio e Brasília, vide o sucesso da concessionária Eurobike em Ribeirão Preto.

O mercado náutico também está em plena expansão, fazendo do Brasil um dos principais destinos de investimentos da indústria de iates, em razão do aumento dos salários, de sua extensa costa litorânea e do clima quente. No ano passado, presidentes e diretores de empresas ganharam mais em São Paulo do que em Londres ou Nova York. A Ferretti, fabricante italiana de barcos, está de olho nos super-ricos brasileiros, já que as vendas aos clientes tradicionais do Mediterrâneo despencaram. A receita da Ferretti no Brasil triplicou nos últimos três anos. As excelentes oportunidades também têm relação com esse mercado que ainda é muito pouco explorado. No país, a frota de lanchas é de apenas 63 mil unidades, enquanto nos Estados Unidos passa dos 16 milhões. Para movimentar esse mercado náutico, que disputa uma fatia no orçamento da classe média – como um segundo carro ou uma casa de praia –, já há projetos de construção de novas marinas em todo o território brasileiro.

Um setor com enorme potencial é o de serviços como a gastronomia, *spas* e hotelaria, que conta com um diferencial: a mão de obra brasileira, que une a técnica com a humanização no tratamento aos seus clientes, através de um atendimento com um cuidado e carinho não existente em nenhum outro lugar no mundo.

O mercado hoteleiro, que é uma das grandes promessas para essa década, contará com as redes Jumeirah, Hyatt e Four Seasons, sendo que esta última pretende abrir três empreendimentos, devendo um deles ser no Rio de Janeiro, com inauguração prevista até a Copa do Mundo de 2014. Também no Rio, será inaugurado, em 2014, o Glória Palace Hotel, de Eike Batista. O audacioso plano do empresário é tirar o título de melhor hotel do Brasil do Copacabana Palace; para isso, está investindo 300 milhões de reais na construção de 346 suítes, 3 restaurantes, 2 bares, 5 lojas, 18 salas de reuniões, além de uma piscina com fundo de vidro no terraço. Já a Bahia inaugurará, em 2013, o hotel Missoni, na ilha de Cajaíba (o primeiro dessa nova rede foi aberto em meados de 2009, em Edimburgo). A Mélia Hotels irá inaugurar em 2013 um complexo turístico e imobiliário de alto padrão, intitulado Guarajuba, a 38 km de Salvador; esse projeto prevê a construção de 3 hotéis com cerca de 1.200 quartos, além de um residencial de alto padrão com cerca de 3.500 residências turísticas. Esse é um dos maiores investimentos próprios da Mélia em termos mundiais. A Mélia tem ainda em seus planos a abertura de novos empreendimentos de alto padrão no Nordeste e em outras capitais brasileiras. Esse mercado está tão atrativo, que já atraiu interesse de empresas como a Louis Vuitton, que pensa em abrir um hotel no país.

O mercado imobiliário tornou-se um ótimo investimento, com uma valorização que ultrapassa 22% ao ano, e só ficou atrás da China, que obteve 30%, e Singapura, com 25%, no mesmo período. No entanto, o mercado imobiliário do luxo ainda é muito carente: faltam imóveis para a classe A – um déficit de 100 mil novas moradias por ano, o que representa o dobro da capacidade de construção das incorporadoras. Em Brasília, por exemplo, já há poucos terrenos disponíveis devido ao crescente número do funcionalismo público; com isso, o preço do metro quadrado de um apartamento em construção numa região nobre chega a R$ 10 mil. Visando o potencial desse segmento, a incorporadora americana Related está chegando ao Brasil, com planos de investir US$ 1 bilhão nos próximos 3 anos.

No entanto, esses mercados estão mais arraigados na cidade de São Paulo, muitas vezes fazendo os consumidores irem até lá para satisfazerem as suas necessidades. Mas isso está mudando. O Rio de Janeiro, impulsionado pela Copa do Mundo de 2014 e a

Olimpíada de 2016, está atraindo cada vez mais as grifes de luxo internacionais, e se tornando um destino alternativo para compras. Brasília, que possuí o título de cidade com a maior renda *per capita* do país, também vive um momento de prosperidade baseado em ser a capital do funcionalismo público, e na disposição dessa elite em consumir.

Algumas cidades receberão atenção especial em razão da sua participação estratégica na economia do país, como o interior do Rio de Janeiro e a cidade de Santos. O interior do Rio, por conta da força do petróleo e do gás do estado, crescerá no consumo de carros de luxo e incorporações de alto padrão. Já a cidade de Santos, que tem o maior porto da América Latina, receberá R$ 160 milhões em investimentos para um novo cais do porto destinado a atender, principalmente, ao grande fluxo de cruzeiros na Copa do Mundo de 2014; o porto também receberá investimentos, visando sua expansão, para absorver o volume de cargas, que deverá triplicar até 2024. Além disso, até 2014, a cidade receberá mais de R$ 5 bilhões de investimentos, o que repercutirá na valorização imobiliária, com a construção de edifícios de alto padrão, restaurantes e bares para o público A.

O interior de São Paulo também merece uma atenção. Para atender esses consumidores, a Daslu inaugurou uma *boutique* em Ribeirão Preto, que tem um número considerável de consumidores classe A.

Além da região Sudeste, outros territórios também oferecem oportunidades em razão da sua carência. Um exemplo é a região Centro-Oeste, com oportunidades para grandes marcas de luxo como a H. Stern, ou a região Nordeste que, embora tenha poucos habitantes, já recebeu uma promessa para abertura de lojas da marca. Aliás, as regiões Norte e Nordeste deverão ser importantes para o mercado do luxo por apresentarem vontade e desejo de consumirem produtos de luxo.

Esse casamento perfeito entre os habitantes do Nordeste, que querem consumir, e os segmentos do luxo, que querem vender seus produtos e serviços, pode ser visto na franca expansão do mercado de luxo imobiliário local, com a construção de *resorts* e condomínios de alto padrão; no bom momento do turismo de luxo em Pernambuco; e no posicionamento da gastronomia local, com a abertura de restaurantes.

Dentre as capitais do Nordeste, vale destacar Recife, por ser a cidade nordestina que mais vende iates e carros de luxo. Além disso, uma curiosidade: Recife é a cidade que detém o maior consumo de uísque *per capita* em todo o mundo (segundo a *Whisky Magazine*). Em outubro de 2012 foi inaugurado em Recife o *shopping* Riomar, que tem 202 mil m², distribuídos em 476 lojas. Esse *shopping* trouxe para Recife as seguintes marcas: H. Stern, Osklen, Lacoste, Bo.Bô e livraria Cultura.

No Sul, mais precisamente em Curitiba, foi inaugurado, em março de 2013, o primeiro *shopping center* de luxo da região Sul: o Pátio Batel, que tem 29,7 mil m², distribuídos em 4 andares, com 200 lojas. Esse *shopping* está trazendo para Curitiba as seguintes marcas: Louis Vuitton, Hugo Boss, Tiffany, H. Stern, Ermenegildo Zegna e Burberry. A abertura do *shopping* dará um impulso para que mais marcas de luxo se estabeleçam em Curitiba, além de criar possibilidades para que outros segmentos do mercado do luxo também aportem no Sul, desafogando o eixo São Paulo/Rio e criando oportunidades para que outras capitais do país sejam atrativas para a indústria do luxo.

11.3 A SUSTENTABILIDADE NO MERCADO DO LUXO NO BRASIL

Sustentabilidade é uma preocupação que faz parte de um passado recente no Brasil, com muitas adesões no presente, para a construção de um futuro mais consistente e de bem-estar social, onde ela não seja uma preocupação, por já estar incorporada, habitualmente, nas atividades das empresas. Essa preocupação das companhias em encontrar soluções mais sustentáveis para os seus produtos deve-se ao atendimento de mais um requisito dos seus clientes, que estão cada vez mais conscientes dessa necessidade, além do fato de esses clientes não desejarem ser apontados negativamente por estarem usando, por exemplo, um casaco de pele, onde um animal teve de ser sacrificado para a confecção da roupa. Baseado nisso, pode-se afirmar que a prática da sustentabilidade é indispensável para o luxo contemporâneo.

Na verdade, as práticas sustentáveis das empresas vão além do atendimento a um requisito dos seus clientes, pois funcionam como um diferencial, agregando valor a marca e repercutindo na imagem da empresa. Essas práticas, que visam o cuidado ambiental, devem ir desde os meios de produção de um produto – seja na escolha de máquinas menos poluentes, na destinação adequada dos resíduos que possam ser gerados, na redução do desperdício com materiais renováveis, reciclados ou que provenham de refugos, passando pela escolha das matérias-primas – até a distribuição e os meios de comunicação com o cliente, como o uso de um *folder* reciclável.

Esse mercado é muito recente – há apenas uma década ele vem ganhando notoriedade –, dando origem a grifes com essa temática, repercutindo nos resultados das vendas. A mídia, em geral, informando e esclarecendo, foi muito importante nessa mudança de cultura: antes o cliente preocupava-se apenas com a aparência e o prazer oferecido pelo produto; agora, esse mesmo cliente observa as empresas através de um olhar que vai além do produto, considerando os artigos que estão fora desse conceito como nocivos – ele faz uma escolha mais pensada, adotando isso com uma identificação pessoal, pois tem consciência de que as suas escolhas trazem consequências para todos que estão ao seu redor, inclusive para si mesmo.

No entanto, para as empresas de luxo, essa mudança de cultura do cliente não é tão simples assim: ela provoca uma reviravolta interna, implicando a reformulação dos seus produtos, mas mantendo a sensação de luxo.

Alguns segmentos precisaram ser reinventados, com base na sua natureza, que por si só já era agressiva ao meio ambiente. Esse foi o caso das joias contemporâneas, que atualmente são confeccionadas com materiais que antes eram específicos das bijuterias: madeira, plástico, vidro, resina, e há até peças feitas com papel e borracha. A H. Stern serviu como exemplo, no segmento internacional de joalheria, ao usar peças com pedras brasileiras de menor custo e vendê-las num dos endereços mais nobres do mundo: a La Croisette, famosa vitrine de Cannes; e também em outras 165 lojas espalhadas pelo mundo. A Tiffany também aderiu ao usar minerais que são extraídos, processados e usados de forma social e ambientalmente correta. Como podemos notar, as joias contemporâneas não têm mais o seu valor relacionado ao conjunto de materiais utilizados na sua confecção, mas, sim, à capacidade criativa do seu autor na concepção e resolução de uma ideia, enfatizando valores que vão além do monetário.

Outro segmento que passa por uma reformulação é o da moda, do qual uma das principais matérias-primas utilizadas nessa temática é o couro dos peixes, como, por exemplo, o da Tilápia, que dá sofisticação e qualidade ao produto final. O couro dos peixes tem beleza e resistência necessárias à moda, além do fato de as peças serem vendidas por US$ 140, enquanto as feitas de couro de boi custam R$ 100, o que representa uma valorização do couro do peixe de quase 200%.

No segmento da moda, a Osklen é uma marca que se destaca em sustentabilidade. A marca, que está presente no Brasil, Europa, Estados Unidos e Japão, integra temas como a exuberância da natureza brasileira, a cultura e a sociedade, associados a uma estética apurada; conseguiu ganhar espaço no mercado não só como grife, mas como um veículo de comunicação desse estilo de vida, sendo um estilo autêntico e genuinamente brasileiro e, ao mesmo tempo, contemporâneo e cosmopolita. A empresa é respeitável nesse conceito, pois o seu cuidado começa desde o processo de produção, com o colhimento do algodão, até o desenvolvimento da tecnologia pelo qual o tecido será submetido até virar uma vestimenta, com a utilização de fibras orgânicas sustentáveis (seda e couro de peixe); fibras de garrafa pet recicladas e outros materiais ecológicos e, portanto, menos agressivos ao ambiente natural.

Para a coleção de inverno de 2008, a Osklen desenvolveu uma linha especial de acessórios feitos de pupunha, como uma alternativa à utilização da madeira. O compensado de pupunha, criado pela Fibra Design, é feito a partir da palmeira amplamente utilizada na produção do palmito sustentável. Ao se tornarem adultas, sua elevada altura e a queda de produção de frutos geram aumento dos custos, fazendo com que os produtores sejam forçados a derrubar estas palmeiras. A pupunha é retirada justamente destes exemplares abandonados. Algumas das peças de couro e lã são tingidas com corantes naturais em alternativa ao uso de sais de cromo, componente extremamente tóxico e poluente.

Na gastronomia, Alex Atala vem se destacando. A sua crença é a de que se deve conhecer um ingrediente completamente, indo até a sua origem, desmontá-lo, conversar com quem o conhece, como pescadores, agricultores, índios etc. "Ao escolher os alimentos você está abraçando causas que podem ser a conservação ou a destruição. Por isso você precisa conhecer a cadeia produtiva de cada alimento, desde a sua origem. Produtos sustentáveis aliam alimentação e gastronomia à preservação. De onde veio este alimento? Será que ele causou destruição no seu caminho? Por exemplo: os palmitos retirados da Mata Atlântica, camarões e frutos do mar consumidos na época do defeso para reprodução. Ou ainda: alimentos que vêm de muito longe e geram poluição pelo seu demorado transporte. A proposta, que cada vez mais pessoas têm divulgado, é parar e olhar tudo que cerca nossa vida e avaliar seu impacto ambiental para poder exercer um consumo mais consciente. E que seja construtivo e não destrutivo. O alimento tem de fazer bem ao planeta e fazer bem a quem o consome".

Na hotelaria, o *resort* Txai se destaca. O hotel, localizado na Bahia, conta com um programa completo na área de sustentabilidade, que cuida desde a alimentação de seus colaboradores e hóspedes até a reciclagem de água e gerenciamento de resíduos sólidos. Pensando sempre em utilizar sem esgotar, o uso responsável da água é uma prioridade no Txai desde a sua criação. Toda a água utilizada no hotel é tratada por um moderno sistema de filtros que a devolve à natureza livre de impurezas. O lixo também é levado a sério tendo uma destinação correta. Todo resíduo produzido é enviado para um centro de triagem e coleta seletiva; os resíduos orgânicos são utilizados para fazer adubo orgânico, que é aproveitado nas hortas e fazendas da região; já o material reciclado é vendido para uma sucata ambiental e o dinheiro é revertido em materiais para as oficinas de reciclagem oferecidas nas escolas e na comunidade (Programa de Educação Ambiental e Resíduos Sólidos), ou ainda é reutilizado como embalagem dos produtos do projeto "Companheiros do Txai".

Pensando também na população nativa, o Txai dá preferência a pessoas da comunidade para atuarem em suas dependências. Todos recebem uma proposta de crescimento e carreira na empresa, com cursos profissionalizantes e de línguas. Na área de *spa* do hotel, chamada de *Shamash Healing Space*, a equipe de atendimento é composta, em sua maioria, por nativos da região, que recebem treinamento profissionalizante em terapias holísticas. Ainda como parte da filosofia de sustentabilidade da empresa, em seus atendimentos, o *Shamash* utiliza ervas e flores do próprio herbário para confeccionar chás e banhos aromáticos. A gastronomia oferecida pelo hotel também tem como princípio a sustentabilidade: os pratos, com base na culinária brasileira, priorizam ingredientes locais, muitos deles produzidos no próprio *resort*.

Já na construção civil, a Rem Construtora ganhou em 2005 o prêmio Holcim de construção sustentável (reconhecimento internacional que fomenta mudanças no ramo da construção civil para a redução dos impactos ambientais), pelo empreendimento Gran Parc Vila Nova e que colocou a Rem em posição de destaque, enfatizando o edifício como o primeiro ecologicamente correto do Brasil e estimulando a criação de novos projetos com as mesmas características. O Gran Parc Vila Nova, no bairro da Vila Nova Conceição, conta com: captação de água da chuva em um poço de retenção, para ser reutilizada nos jardins, descargas e lavagem dos carros dos futuros moradores, ozonização da água e não-utilização de cloro no tratamento, aquecimento solar com uma bomba de recirculação de água para que os moradores não precisem deixar a água escorrendo por um longo período até que a água quente chegue em suas torneiras, e coleta seletiva do lixo em parceria com o Instituto Recicle Milhões de Vidas.

Esse mercado ecológico das empresas já chegou nas campanhas, que tiveram de ser reformuladas para uma abordagem não só relacionada à moda, como no passado, mas em atendimento aos conceitos ambientais voltados para esse consumidor e aos produtos assim classificados. A campanha do São Paulo Fashion

Week de 2008 envolveu os participantes no "Movimento SPFW", a favor da preservação dos recursos naturais, do consumo consciente, de atitudes simples como andar a pé ou abrir a janela, tudo em nome de um mundo melhor no futuro. Mais que a última tendência da estação, o que marcou o evento, e por reflexo, as marcas que dele participaram, foi a iniciativa de liderar um movimento maior, mais relevante e com índice de frivolidade zero.

É necessário também ter a consciência de que sustentabilidade não se trata apenas do meio ambiente, mas envolve outros aspectos, como: condições de trabalho, método de descarte de produtos, mudanças internas na empresa para economia de materiais, pesquisa e desenvolvimento para adoção de medidas menos agressivas ao meio ambiente, projetos sociais que realmente tenham significados.

A sustentabilidade é um conceito já acolhido pelo mercado do luxo, com uma série de alternativas para se obter um produto sustentável, diminuindo assim o nível de impacto ambiental que os artigos de luxo oferecem. Levando-se em consideração que esse é um tema do futuro, pode-se prever que as empresas que não se adequarem a esse conceito, não só perdem a oportunidade nesse diferencial, como também expõem uma posição negativa, podendo, inclusive, comprometer o seu futuro. Não há dúvida de que a sustentabilidade está relacionada à qualidade de vida, permitindo que as futuras gerações também possam desfrutar do melhor que o nosso planeta oferece: a natureza.

Hoje em dia se discute muito esse tema, sendo a sustentabilidade destaque em vários meios de comunicação. Muito mais do que uma moda, a sustentabilidade deve ser praticada, e não apenas usada como um conceito.

CAPÍTULO XII

COMO ENTRAR NESSE MERCADO, SENDO FUNCIONÁRIO OU EMPREENDEDOR

Neste capítulo, o enfoque está na administração de um negócio no mercado do luxo. Questões como associações necessárias para uma empresa se estabelecer no Brasil, como é o funcionamento interno de uma companhia ou o tipo de funcionário a ser contratado, são essenciais para o início e o desenvolvimento de uma empresa – quesitos vitais para a sua qualificação como uma empresa do segmento do luxo. Além disso, também abordaremos o universo das empresas do luxo existentes.

Aliás, um aspecto interessante deste livro foi o fato de ele ter sido produzido com base na relação "empresas x consumidores", apontando as características de cada um nessa relação. Então, depois de tanto se falar no perfil das empresas deste segmento, é preciso aproximar essas empresas dos consumidores; e foi pensando nisso que nasceu este capítulo, que visa, num tom de pioneirismo, apresentar e divulgar as empresas presentes em todos os segmentos do mercado do luxo.

No entanto, além dessa apresentação aos consumidores, essa listagem (tanto com endereços virtuais, através de sites e blogs, quanto de endereços físicos) também é de grande relevância para as futuras empresas conhecerem os seus concorrentes nesse mercado, já que esse tipo de mapeamento ainda não havia sido realizado.

Ainda assim, vale mencionar que as empresas aqui presentes não passaram por nenhuma seleção – o único critério é que fossem empresas do segmento do luxo –, por isso, temos tanto empresas nacionais como estrangeiras, dos mais variados segmentos e presentes em todos os cantos do país.

12.1 COMO TRABALHAR OU GERAR NEGÓCIOS NO MERCADO DO LUXO

O mercado do luxo no Brasil vive um bom momento, com a demanda ainda reprimida; ele deverá crescer muito, e, para isso, será necessária mão de obra qualificada para atender a esse crescimento. Além disso, outras cidades brasileiras estão iniciando o processo de melhoria em sua infraestrutura para receberem as marcas internacionais, seja no segmento de hotelaria, cosméticos, moda, aviação, construção civil etc.

Para estar apto a ingressar no mercado de trabalho das marcas de luxo é necessário entender como funciona esse mercado, como pensa e como age esse consumidor que quer sentir uma experiência no ato da compra. O serviço que lhe é oferecido tem de ser extraordinário, uma vez que nesse mercado não há meio-termo; no entanto, quando se diz extraordinário não significa ser atencioso – isso já deve estar no pacote para satisfazer esse cliente. No Brasil, embora o nível de simpatia seja excelente, é necessário ir além, fazendo os serviços melhorarem e muito. É lógico e evidente que quando uma pessoa como Suzy Menkes, a famosa editora de moda inglesa, chega a um restaurante, todos sabem quem ela é – e, certamente, 2 garçons, o *maître*, o gerente e o *chef* estarão cuidando da sua mesa e ela achará o serviço excelente. Contudo, esse tipo de serviço, para ser considerado ótimo, precisa ter um atendimento uniforme, igual para todos, para ser classificado como um serviço de luxo. Ele tem de ser bom ao extremo, tanto para a Fernanda de Blumenau, bem como para a Elis de Manaus ou a Marina de Vitória ou a Trycia de Salvador, assim como para o Luciano de Curitiba, não importando a região, o sobrenome ou até mesmo o tipo de negócio que possuem: o serviço tem de ser o mesmo, sempre.

Ele também deve ter o mesmo grau de excelência, desde o manobrista até a hora de pagar a conta, seja em um restaurante, hotel, *spa* ou em uma joalheria. Ele deve ser completo.

Quem trabalha em uma concessionária da BMW, não tem que possuir um BMW, mas tem de saber todas as ferramentas de gestão do luxo, para que a concessionária atinja suas metas e o consumidor esteja satisfeito com o carro e o serviço a ele prestado.

Então, para quem quer migrar para esse mercado, precisa entender todos esses mecanismos, ler muito, fazer cursos ou, dependendo do cargo almejado, um MBA em Gestão do Luxo. Esse MBA, ministrado na FAAP, tem apenas uma turma por ano com 25 alunos; por haver somente um curso deste tipo no Brasil, os estudantes acabam tendo uma sensação de exclusividade e seletividade – um luxo por si próprio. Em um prazo de 2 anos, que é a duração do curso, você estará entendendo como funciona esse mercado do luxo, desde o *marketing* até a parte financeira. Para quem deseja trabalhar em hotéis 5 estrelas, *resorts*, spas e restaurantes, existe também o MBA em hotelaria de luxo, com aulas no hotel Fasano, Sheraton e Sofitel, além de um módulo internacional em Paris, com aulas em renomados hotéis da capital francesa. Já para os que possuem disponibilidade para cursar um MBA no exterior, a ESSEC Business School, em Paris, tem um MBA em Gestão de Marcas de Luxo com duração de 1 ano, em período integral -- com o bônus de se poder estudar o luxo onde ele nasceu.

Para quem quiser migrar para o mercado do luxo e não possui disponibilidade de tempo nem financeira para cursar um MBA, existem cursos de curta duração para cargos de entrada nesse mercado. A Maison du Luxe traz, 3 vezes por ano, a São Paulo o professor e doutor Pascal Portanier, que ministra o seminário Gestão de Marcas de Luxo. O Dr. Pascal Portanier é Ph.D. em luxo pela Universidade de Nice, e ministra esse mesmo seminário no London College of Fashion, na Universidade da China, na Universidade de Mônaco e na Universidade de Dubai. Ele trabalhou muitos anos com Karl Lagerfeld e em várias grifes de luxo. A Maison du Luxe oferece outros cursos sobre o mercado do luxo com profissionais brasileiros também.

A MCF consultoria oferece o curso O Negócio do Luxo, com Carlos Ferreirinha. Esse curso tem várias edições em São Paulo e no Rio de Janeiro, e já percorreu algumas capitais do país, tendo sido ministrado até na Argentina.

Após conhecer esse mercado e os seus consumidores, o passo seguinte é procurar as marcas de luxo. O candidato ideal é aquele que: é educado, tanto na maneira de agir como na de falar; tem uma postura exemplar; fala inglês fluente e, se possível, mais uma língua; já teve uma vivência internacional, e, sobretudo, que seja comprometido com tudo o que faz. Ele tem de falar a mesma linguagem da marca, saber a sua história, conhecer os seus produtos: entrar no universo da grife.

O consumidor precisa sentir que o funcionário incorpora o DNA da marca de luxo, porque esse vendedor será o canal de comunicação entre a marca e o consumidor.

O mercado de luxo vem se desenvolvendo no país a cada ano e, por isso, o funcionário que atua nesse segmento precisa conhecer suas especificidades – assim como os empreendedores precisam saber como investir nele.

Os vendedores do mercado do luxo precisam saber absolutamente as mesmas coisas que um vendedor de produtos comuns, porém, há o risco de uma sensação de valores próximos dos vendedores para com os clientes – o que não deveria acontecer. Como se está lidando com produtos e serviços que enaltecem desejos e sonhos, é comum os funcionários também serem consumidores e, em alguns casos, também se sentirem como clientes – foco das estratégias. É fundamental saber que os comportamentos têm de ser distintos e trabalhados de formas diferenciadas. Além disso, é vital que os vendedores tirem visões ou conceitos preconceituosos ou preconcebidos em relação a gastos, renda discricionária e investimento por parte dos clientes em produtos e serviços que não precisam, mas desejam.

A principal objeção enfrentada pelos vendedores do mercado de luxo está relacionada ao preço. Muitos consumidores reclamam do alto preço de serviços e produtos de luxo. Nessa ocasião, é importante que o vendedor ressalte que esses produtos e serviços estão focados no grau de excelência e que também possuem valores diferenciados. Por isso, o entendimento detalhado do processo de produção, dos detalhes do que está sendo vendido e das características do produto ou serviço é muito importante para se sustentarem as histórias que traçam os perfis dessas marcas, produtos e serviços. Por exemplo: quanto custa uma bolsa fabricada por artesãos franceses? É cara? Não é o valor pago para se ter um produto como esse, mas, sim, o valor de uma marca que empresta prestígio.

Após o entendimento das questões a respeito dos funcionários na prestação de serviços, vejamos como gerar negócios com uma marca de luxo. Em primeiro lugar, procure estar em dia com as suas obrigações fiscais. As grandes marcas de luxo, quando chegam ao Brasil, já possuem indicação de todas as empresas com as quais ela irá precisar trabalhar.

Se você quer gerar negócios com empresas de pequeno e médio porte, pesquise a marca, tente achar, entre o seu *network*, alguém que possa fazer a conexão entre você e os representantes da empresa. No Brasil, tudo funciona melhor através de indicação.

Para quem quer trazer uma marca internacional para o Brasil, faça um *business plan* bem detalhado, simule como seria a aceitação desse produto ou serviço no país e na cidade em que será lançado. Lembre-se: o Brasil é um só, mas os costumes são bem diferentes entre os estados. Analise as oportunidades, pois um produto pode ser um sucesso em Recife, Belo Horizonte e Curitiba e um fracasso em São Paulo, onde a concorrência será forte e não terá um grau de novidade como deveria ter. Agora, esse mesmo produto pode ser um sucesso de vendas em Ribeirão Preto, Campinas ou outra cidade com uma concentração grande de renda, onde o consumidor se sentirá prestigiado – além disso, esse produto será uma novidade nessa região.

O Luxury Marketing Council auxilia e faz a conexão entre empresas do mercado do luxo que são seus associados, e também promove *network* entre os seus membros.

Existem duas coisas que devem ser lembradas, sempre:

1. É preciso ter total comprometimento, sem concessões, com a excelência, dentro de um entendimento de visão de longo prazo e persistência.

2. É necessário, também, entender que trabalhar com esse mercado requer investimento contínuo e, geralmente, acima da média.

12.2 SITES ÚTEIS SOBRE O MERCADO DO LUXO

Luxury Marketing Council
www.luxurycouncil.com

Maison du Luxe
www.maisonduluxeeventos.com

MCF Consultoria
www.mcfconsultoria.com.br

FAAP – MBA Gestão do Luxo
www.gestaodoluxo.com.br

Silvio Passarelli
www.silviopassarelli.com.br

Roberto Miranda Educação Corporativa
www.urm.com.br

LuxuryLab Consultoria
www.luxurylab.com.br

ABRAEL – Associação Brasileira das Empresas de Luxo
www.abrael.org.br

ESSEC Business School
www.essec.edu

Angel News
www.angelnews.at.ua

Blog do Luxo
www.blogdoluxo.com

Luxury Infinity
www.luxuryinfinity.com.br

Go Where Luxo
www.gowhere.com.br

Robb Report
www.robbreport.com.br

Gloria Kalil
www.chic.com.br

Cristina Pitanguy
www.cristinapitanguy.com.br

Web Luxo
www.webluxo.com.br

Infinite Luxury
www.infiniteluxury.com.br

Luxus Magazine
www.luxusmagazine.com.br

12.3 EMPRESAS QUE ATUAM NO MERCADO DO LUXO NO BRASIL

Tabela 17: Relação das companhias que atuam no segmento do luxo no país

SEGMENTO: ARTES

Empresa	Localização	País de origem
Coletivo Amor de Madre	SP	Brasil
Fortes Vilaça	SP	Brasil
Luisa Strina	SP	Brasil
Ovo	SP	Brasil
Romero Britto	SP	Brasil

SEGMENTO: AÉREO

Empresa	Localização	País de origem
British Airways	RJ e SP	Inglaterra
Embraer	SP	Brasil
Emirates Airways	SP	Emirados Árabes
Global Aviation	RJ e SP	Brasil
Líder	Brasil*	Brasil
Singapore Airways	SP	Singapura
Tam Jatos Executivos	SP	Brasil

SEGMENTO: BEBIDAS

Empresa	Localização	País de origem
Bacco's	SP	Brasil
Casa do Porto	SP, BA e ES	Brasil
Decanter	SP e SC	Brasil
Diageo divisão Reserve	Brasil*	Inglaterra
Eisenbahn	Brasil*	Brasil
Expand Store	Brasil*	Brasil

Empresa	Localização	País de origem
Grand Cru	Brasil*	Argentina
GRM Cachaça	Brasil*	Brasil
LVMH Wines & Spirits	Brasil*	França
Maison du Vin	SP	Brasil
Pernod Ricard	Brasil*	França
Perrier	Brasil*	França
World Wine	SP	Brasil
Zahil	Brasil*	Brasil

SEGMENTO: BEM-ESTAR E LAZER

Empresa	Localização	País de origem
Academia Estação do Corpo	RJ	Brasil
Amaryn The Spa	SP	Brasil
Anacá Corpo e movimento	SP	Brasil
Country Club do Rio de Janeiro	RJ	Brasil
Club Athletico Paulistano	SP	Brasil
Hara	SP	Brasil
Kurotel Spa	SP	Brasil
Luiza Sato	SP	Brasil
Reebok Sports Club Brasil	SP	EUA
Sett Nandi Coaching Spa & Hair	SP	Brasil
Spa Cidade Jardim	SP	Brasil
Studio W	SP	Brasil
Unique Garden	SP	Brasil

SEGMENTO: COMUNICAÇÃO

Empresa	Localização	País de origem
Cosac & Naify	Brasil*	Brasil
Época edição Luxo	Brasil	Brasil
Glamurama	Brasil*	Brasil
Gloria Kalil	Brasil*	Brasil
Go Where Luxo	Brasil	Brasil
Gragnani	SP	Brasil
Isto é Platinum	Brasil	Brasil
Luxus Magazine	Brasil	Brasil
Marie Claire	Brasil	Brasil
Nielsen	SP, RJ e PA	EUA
Veja edição Luxo	Brasil	Brasil
Wish Report	Brasil*	Brasil

SEGMENTO: CONSTRUÇÃO CIVIL

Empresa	Localização	País de origem
Adolpho Lindenberg	SP	Brasil
Alphaville Urbanismo	SP	Brasil
Cyrela	Brasil*	Brasil
Idea Zarvos Plan Imobiliário	SP	Brasil
JHSF	Brasil*	Brasil
Lopes Private	SP	Brasil
Souza Lima Construtora	SP	Brasil
Tranchesi Engenharia	SP	Brasil

SEGMENTO: CONSULTORIA E EVENTOS

Empresa	Localização	País de origem
Cristina Pitanguy	SP e RJ	Brasil
Doria Associados	SP	Brasil
Maison du Luxe	SP	Brasil
MCF Consultoria	SP	Brasil
Michael Pages International	Brasil*	Inglaterra
Noctua Recruitment	Brasil*	Brasil
Pazetto Events & Consulting	SP	Brasil

SEGMENTO: COSMÉTICOS E PERFUMES

Empresa	Localização	País de origem
Anasuil Amazon Exclusive	Brasil*	Brasil
Anna Pegova Paris	Brasil*	França
Carita	Brasil*	França
La Prairie	Brasil*	Suíça
Lancôme	Brasil*	França
LVMH Parfum & Cosmétiques	Brasil*	França
Monalisa	Brasil*	Brasil
Phytá	SP	Brasil
Royal Opera Luxury Brands	Brasil*	Brasil
Sephora (ex-Sack's)	Internet	Brasil
Tânia Bulhões	SP e RJ	Brasil
Vizcaya	Brasil*	Espanha

SEGMENTO: EDUCAÇÃO

Empresa	Localização	País de origem
Escola Americana	Brasil*	EUA
Escola Dante Alighieri	SP	Brasil
FAAP MBA Gestão do Luxo	SP	Brasil
Roberto Miranda	SP	Brasil

SEGMENTO: ENTRETENIMENTO

Empresa	Localização	País de origem
B4 Lounge	SP	Brasil
Cinemark Cidade Jardim	SP	Brasil
Cinépolis	SP	Brasil
D. Edge	SP	Brasil
Disco	SP	Brasil
Lions Club	SP	Brasil
Mokaí	SP	Brasil
Pacha Búzios	RJ	Brasil
Set Disco	SP	Brasil
The Society	SP	Brasil
The Week	SP, RJ e SC	Brasil

SEGMENTO: FINANCEIRO

Empresa	Localização	País de origem
American Express	Brasil*	EUA
Banco do Brasil Private	Brasil*	Brasil
Bradesco Prime	Brasil*	Brasil
Citibank	Brasil*	EUA
Chubb Seguros	Brasil*	EUA
HSBC Premier	Brasil*	Inglaterra
Itaú Personalité	Brasil*	Brasil
Mastercard Black	Brasil*	EUA
Safra	Brasil*	Brasil
Santander Van Gogh	Brasil*	Espanha
Visa Infinity	Brasil*	EUA

SEGMENTO: GASTRONOMIA

Empresa	Localização	País de origem
A Bela Sintra	SP	Brasil
A Loja do Chá	SP	Brasil
Amadeus	SP	Brasil
Antiquarius	RJ e SP	Brasil
Aprazível Restaurante	RJ	Brasil
Arturito	SP	Brasil
Baby Beef Rubaiyat	SP	Brasil
Bar Full Jazz	PR	Brasil
Bar Número	SP	Brasil
Benjamin Abrahão	SP	Brasil
Brigaderia	SP	Brasil
Buffet Fasano	SP e RJ	Brasil
Café Del Mar	RJ	Espanha
Camamo Beijupirá	RN	Brasil
Casa Santa Luzia	SP	Brasil
Chez Airys	SP	Brasil
Chocolat du Jour	SP	Brasil
Cipriani	RJ	Brasil
Clandestino	RJ	Brasil
Confeitaria Colombo	RJ	Brasil
D.O.M.	SP	Brasil
Durski	PR	Brasil
Edvino	PR	Brasil
Empório Central	SP	Brasil
Empório Diniz	SP	Brasil
Empório Santa Maria	SP	Brasil
Eñe Restaurante	RJ e SP	Espanha
Es Vedra	PR	Brasil

Empresa	Localização	País de origem
Figueira Rubaiyat	SP	Brasil
Galani Restaurante	SP	Itália
Garcia Rodrigues	SP e RJ	Brasil
Gero	SP, RJ e DF	Brasil
Havanna	PR, RS e SP	Argentina
ICI Bistrô	SP	Brasil
Île de France	PR	Brasil
Isabella Suplicy	SP	Brasil
Jardim de Napoli	SP	Brasil
Jum Sakamoto	SP	Brasil
Kosushi	SP	Brasil
La Casserole	SP	Brasil
Laurent Suaudeau	SP	Brasil
Les Amis	SP	Brasil
Manekineko	RJ	Brasil
Maní	SP	Brasil
Manu	PR	Brasil
Marius Churrascaria	RJ	Brasil
Mocotó	SP	Brasil
Mosteiro	SP	Brasil
Nespresso	Brasil*	Suíça
Neuhaus	SP	Bélgica
Nonno Ruggero	SP	Brasil
Olivier Cozan	RJ	França
Olympe	RJ	França
Paty Piva	SP	Brasil
Payard	SP	França
Pobre Juan	SP	Brasil

Empresa	Localização	País de origem
Restaurante Blason	RJ	Brasil
Santo Grão Café	SP	Brasil
Satyricon	RJ	Brasil
Sheridan's	PR	Brasil
Skye	SP	Brasil
Spot	SP	Brasil
Sushi Leblon	RJ	Brasil
Suplicy Cafés Especiais	SP	Brasil
Terra Madre	PR	Brasil
Tre Bicchieri	SP	Brasil
Varanda Grill	SP	Brasil
Vindouro	PR	Brasil
Zea Mais	PR	Brasil

SEGMENTO: HOME

Empresa	Localização	País de origem
Bang & Olufsen	SP e RJ	Dinamarca
Cassegrain	Brasil*	França
Domici	Brasil*	Itália
Espaço Santa Helena	SP	Brasil
Jorge Elias	SP	Brasil
Juliana Benfatti Antiguidades	SP	Brasil
Kitchenaid	SP	EUA
La Lampe	Brasil*	Brasil
Luxaflex	Brasil*	Holanda
Mickey Home	SP	Brasil
Pavillon Christofle	SP	França
Renée Behar	SP	Brasil
Spicy	Brasil*	Brasil
Tramontina	Brasil*	Brasil

SEGMENTO: HOTELARIA

Empresa	Localização	País de origem
Ariaú Amazon Tower Hotel	AM	EUA
BC Hotel	RJ	Brasil
Caesar Park Ipanema	RJ	México
Cataratas	SC	Brasil
Club Breezes Búzios	RJ	EUA
Club Med	RJ e BA	França
Convento do Carmo	BA	Portugal
Copacabana Palace	RJ	EUA
Crowne Plaza	Brasil*	EUA
Emiliano	SP	Brasil
Fasano	RJ e SP	Brasil
Grand Hyatt Hotel	SP	EUA
Hilton	SP e PA	EUA
L'Hotel	SP	Portugal
Marriott	RJ e SP	EUA
Melia	DF	Espanha
Nannai Resort	BA	Brasil
Pestana	Brasil*	Portugal
Ponta dos Ganchos	SC	Brasil
Refúgio Ecológico Caiman	MS	Brasil
Renaissance Hotel	SP	EUA
Santa Tereza	RJ	França
Sauípe Premium	SP	Brasil
Sheraton	SP e RJ	EUA
Sofitel	SP, RJ e SC	França
Terra Vista	BA	Brasil
Tivoli Mofarrej	SP	Portugal
Txai	BA	Brasil

Empresa	Localização	País de origem
Unique Hotel	SP	Brasil
Windsor	RJ	Espanha

SEGMENTO: JOALHERIA

Empresa	Localização	País de origem
Ana Rocha & Appolinario	DF, RN e SP	Brasil
Antonio Bernardo	Brasil*	Brasil
Ara Vartanian	Brasil*	Brasil
Baccarat	SP	Brasil
Brumani	Brasil*	Brasil
Bulova	Brasil*	EUA
Bvlgari	SP	Itália
Cartier	SP e RJ	França
Casa Leão	SP	Brasil
Chopard	SP e SC	Suíça
Collection Joias	Brasil*	Brasil
Cristovam Joalheria	SP	Brasil
Francesca Romana Diana	Brasil*	Brasil
Frattina	SP	Brasil
H. Stern	Brasil*	Brasil
Jack Vartanian	SP, RJ e NY	Brasil
Manoel Bernardes	MG e SP	Brasil
Montblanc	PR, RJ e SP	Alemanha
Rolex	SP	Suíça
Sara Joias	SP	Brasil
Silvia Furmanovich	SP e DF	Brasil
Swarovski	RJ e SP	Brasil
Tiffany & Co	SP	EUA
Van Cleef & Arpels	SP	França
Vianna Joias	BH	Brasil

SEGMENTO: LIVRARIA

Empresa	Localização	País de origem
Livraria Cultura	Brasil*	Brasil
Livraria da Vila	SP	Brasil
Livraria da Travessa	RJ	Brasil

SEGMENTO: MOBILIÁRIO E LOUÇAS

Empresa	Localização	País de origem
Armando Cerello	Brasil	Brasil
Artefacto	Brasil*	Brasil
Collectania	SP	Itália
Conceito Firmacasa	SP	Brasil
Entreposto	SP	Brasil
Etel Interiores	SP	Brasil
Grifes & Design	SP	Brasil
Jacqueline Terpins	SP	Brasil
Marcenaria Baraúna	SP	Brasil
Montenapoleone	SP	Itália
Ornare	Brasil*	Brasil
Passado Composto	SP	Brasil
Saccaro	Brasil*	Brasil
Scandinavia Designs	SP	Brasil
Vermeil	SP	Brasil

SEGMENTO: MODA

Empresa	Localização	País de origem
Adriana Barra	SP	Brasil
Alexandre Birman	SP	Brasil
Alexandre Herchcovitch	SP	Brasil
Avec Nuance	RJ, SP e DF	Brasil
Bazaar Fashion	PR	Brasil

Empresa	Localização	País de origem
Blue Gardênia Bed & Bath	SP	Brasil
Burberry	DF e SP	Inglaterra
Capoani	PR	Brasil
Carlos Miele	SP	Brasil
Carolina Herrera	SP	EUA
Catherine Malandrino	RJ, SP e DF	EUA
Chanel	SP e RJ	França
Christian Louboutin	SP e DF	França
Constança Basto	RJ e SP	Brasil
Clube Chocolate	SP	Brasil
Conte Freire	PA	Brasil
Cris Barros	SP	Brasil
D&G	SP	Itália
D' Arouche	SP	Brasil
Daslu	SP	Brasil
Demi Queiroz	SP	Brasil
Diane Von Furstenberg	SP e DF	Bélgica
Dior	SP	França
Dona Santa	PE	Brasil
Eduardo Guinle	RJ	Brasil
Ermenegildo Zegna	SP	Itália
Fogal	Brasil*	Alemanha
Giorgio Armani	RJ e SP	Itália
Gloria Coelho	SP	Brasil
Gucci	SP	Itália
Hermès	SP	França
Hugo Boss	SP, DF e PA	Alemanha
Huis Clos	SP	Brasil
Isabela Capeto	Brasil*	Brasil

Empresa	Localização	País de origem
Isabella Giobbi	SP	Brasil
Jeans Hall	RJ e SP	Brasil
Jimmy Choo	SP	Inglaterra
Kate Spade NY	SP	EUA
La Perla	Brasil*	Itália
Left São Paulo	SP	Brasil
Lita Mortari	SP	Brasil
Longchamp	SP	França
Lool	SP	Brasil
Louis Vuitton	DF, RJ e SP	França
Magrella	DF	Brasil
Maria Bonita	Brasil*	Brasil
Mguia	SP	Brasil
Missoni	DF e SP	Itália
Namix	PR	Brasil
NK Store	RJ e SP	Brasil
Oma Tees	SP	Brasil
Oscar de La Renta	Brasil*	EUA
Osklen	Brasil*	Brasil
Pelu	SP	Brasil
Reinaldo Lourenço	SP	Brasil
Ricardo Almeida	DF, RJ e SP	Brasil
Roberto Cavalli	SP	Itália
Ronaldo Fraga	MG e SP	Brasil
Salvatore Ferragamo	SP e RJ	Itália
Trousseau	Brasil*	Brasil
Versace	SP	Itália
Wolford	Brasil*	Alemanha
Yves Delorme	Brasil*	França

SEGMENTO: NÁUTICO

Empresa	Localização	País de origem
Azimut Brasil	SC	Itália
Ferretti Brasil	Brasil*	Itália
Regatta	Brasil*	Brasil
Schaefer Yachts	SC	Brasil
Vreugdenhil Yachts	SP	Holanda

SEGMENTO: ÓPTICO

Empresa	Localização	País de origem
Marchon	Brasil*	EUA
Safilo	SP	Itália
Wilvale	Brasil*	Brasil

SEGMENTO: SAÚDE

Empresa	Localização	País de origem
Blue Life	Brasil*	Brasil
CGPA	SP	Brasil
Hospital Albert Einstein	SP	Brasil
Hospital Sírio Libanês	SP	Brasil
Lincx	Brasil*	Brasil
Omni CCNI	Brasil*	Brasil

SEGMENTO: SHOPPING

Empresa	Localização	País de origem
Shopping Cidade Jardim	SP	Brasil
Shopping Iguatemi	SP, DF e BA	Brasil
Shopping JK Iguatemi	SP	Brasil
Shopping Village Mall	RJ	Brasil

SEGMENTO: TABACARIA

Empresa	Localização	País de origem
Davidoff	SP	Suíça
Lenat	SP	Brasil
Puros Habanos	SP	Brasil
Tabacaria Caruso	SP	Brasil

SEGMENTO: TURISMO

Empresa	Localização	País de origem
Matueté	SP	Brasil
Teresa Perez	SP	Brasil

SEGMENTO: VEÍCULOS

Empresa	Localização	País de origem
Aston Martin	SP	Inglaterra
Audi	Brasil*	Alemanha
Bentley	SP	Inglaterra
BMW	Brasil*	Alemanha
Bugatti	SP	Alemanha
Ferrari	SP	Itália
Harley Davidson	Brasil*	EUA
Jaguar	SP	Inglaterra
Lamborghini	SP	Itália
Land Rover	Brasil*	Inglaterra
Maserati	SP	Itália
Mercedes-Benz	Brasil*	Alemanha
Mitsubishi	Brasil*	Japão
Porsche	Brasil*	Áustria
Subaru	Brasil*	Japão
VW Premium	Brasil*	Alemanha
Volvo	Brasil*	Suécia

OUTROS SEGMENTOS

Empresa	Segmento	Localização	País de origem
Au Pet Store	*Pet Shop*	SP	Brasil
Ford Models	Agência de Modelos	SP e RJ	Brasil
Onofre Farmácias	Farmácia	Brasil*	Brasil
Paul Natan	Impressão	RJ e SP	Brasil
Tools and Toys	Veículos de alto padrão	SP	Itália

* Presença em mais de 3 estados foi considerada Brasil.
Esse levantamento foi realizado entre 09/2010 e 09/2011.

 Os salários praticados no mercado do luxo vão desde R$ 8 mil para um vendedor, R$ 14 mil para um subgerente, R$ 18 mil para um gerente de loja, R$ 40 mil para um diretor, chegando até, em alguns casos, a R$ 60 mil para um diretor de estilo. Além disso, há também os benefícios indiretos que as marcas de luxo oferecem, como descontos que podem chegar a 50% do valor de seus produtos, para os funcionários. Porém, o melhor são os treinamentos e seminários, que, em sua grande maioria, são realizados na França e Estados Unidos.

CAPÍTULO XIII

CONCLUSÃO

O LUXO, SOB O PONTO DE VISTA DO CONSUMIDOR, coexiste com a necessidade de ascensão social, aparecendo como um detalhe em particular da riqueza ao se buscar o reconhecimento e, consequentemente, o bem-estar. No ponto de vista dos seus produtos, o luxo significa a mais pura qualidade aliada ao *design,* resultando em um belo e refinado artefato, provocando o desejo por ele, aos olhos de quem o vê. Essa influência é uma característica básica e, por isso, intencional, justamente pelo seu consumo ser uma decisão emocional, sendo raramente racional. A partir daí, pode-se afirmar que o nível de luxuosidade de um produto pode ser medido pela sua capacidade emocional.

Sob o ponto de vista empresarial, ele está presente desde a raridade das antiguidades até a qualidade personalizada pela sua produção. Parece que a questão-chave para esse mercado produtor está na conjugação da inovação com o extraordinário. Por tudo isso, é que esse mercado está sempre aberto a um investidor comprometido em emocionar através do tom de humanismo do seu produto, em atendimento às necessidades de uma classe social consciente e exigente. Vale frisar que há muitas oportunidades ainda pouco exploradas nesse mercado.

O luxo se modernizou, mediante o processo evolucionista, tornando-se mais humanizado por conter uma carga emocional, rompendo uma barreira imposta pelo luxo tradicional, com o seu pré-formato antissocial e antidemocrático. Esse luxo emocional, pelo seu caráter subjetivo, traz dentro de cada pessoa um sentido próprio, seja baseado no materialismo ou na aspiração pela melhoria na sua relação com a vida.

Ao se olhar para a história das nações, se encontrará o luxo presente na essência da construção dessas nações, banhado pela profundeza da pureza cultural do lugar. No caso do Brasil, por exemplo, o Pau-Brasil, uma árvore nativa que sempre foi considerada um artigo de luxo, conta a história do país tanto pelo período em que foi cobiçado, através da sua exploração, quanto no período da sua preservação. Essa classificação, pelos estrangeiros, dos "produtos nativos" como luxo, contribui para revelar uma outra face dos primórdios da nação: a relação colonizador e colônia. A história do luxo no Brasil começa com a descoberta dessas terras, através do intercâmbio cultural com Portugal, que, no primeiro momento, se dava pelos representantes portugueses e, em um segundo momento, pela vinda da realeza portuguesa, trazendo consigo o luxo europeu, através de produtos e serviços; bem como pela cultura da família real, transformando a sede da monarquia brasileira, o Rio de Janeiro, de forma a atender o seu requintado e apurado gosto tanto pela incorporação de uma nova arquitetura quanto pela implantação de uma cultura, através da arte, da literatura e da música. Já em um terceiro momento, o luxo reaparece devido ao conjunto de decisões tomadas na década de 1990, como: a reabertura dos portos, a adoção de uma moeda mais estável, o Real, e a paridade cambial da moeda brasileira com o dólar norte-americano.

Essas medidas foram muito importantes para a economia brasileira, chegando ao ponto de, em duas décadas, quase blindarem a economia do país das crises financeiras internacionais. Hoje, o Brasil goza de prestígio: faz parte da seleta lista de países com pessoas com mais de US$ 1 milhão em investimentos, sendo, inclusive, o único representante da América Latina com 36 bilionários. O Brasil também está inserido entre os países emergentes do BRIC, que tem quase um quinto do mercado do luxo mundial, onde se estima chegar a um terço até 2017. A liderança desse grupo está com a China, país mais populoso do mundo; e é até fácil de entender a força desse país asiático, já que esse mercado se baseia no consumismo e, para isso, é fundamental ter consumidores – o que a China mais tem; no entanto, ao se levar em consideração que a população brasileira representa apenas 15% do total de chineses e tem um crescimento mais consistente, fica evidente que o país é o mais confiável e promissor do grupo.

O mercado do luxo no Brasil tem mais de 1 milhão de consumidores e apenas duas décadas de idade e, por ser muito novo, ele está concentrado nas principais e mais ricas capitais do país. São Paulo, por exemplo, a capital mais rica do país, é também a sede do mercado do luxo, com 70% desse mercado. Na verdade, essa concentração em São Paulo é decorrente da estabilidade do país nessas duas últimas décadas, servindo como um porto seguro para a acelerada multiplicação das grandes e, principalmente, internacionais marcas de luxo. No entanto, a chegada de novas marcas e a multiplicação das marcas já estabelecidas por aqui, contribuíram para fomentar esse mercado, gerando filas de espera proporcionadas pela novidade dos produtos nas lojas.

Ao se olhar para o interior do segmento do luxo brasileiro, observa-se a forte presença – dependendo da estrutura dos setores desse mercado – de marcas nacionais ou internacionais. Por exemplo: as empresas internacionais estão presentes maciçamente no varejo, principalmente, no segmento da moda, que pertence ao luxo pessoal. Já as empresas nacionais também têm uma maior presença no varejo, mas têm um peso relevante na área de serviços, principalmente no segmento da gastronomia, que pertence ao luxo experiencial. Isso significa que as empresas brasileiras estão mais desenvolvidas no luxo experiencial, dificultando a entrada de empresas internacionais nesse tipo de mercado.

Nesse luxo experiencial está a prestação de serviços, onde os funcionários são treinados para envolverem os cinco sentidos dos seus clientes, garantindo de forma eficiente o encantamento pelo serviço, tornando essa experiência extraordinária e exclusiva. O funcionário presta o serviço conforme o perfil da marca, devendo ser tão útil a ponto de ser capaz de ser cúmplice desse momento singular do cliente, onde a única venda que importa é a de um sonho.

Outro dado importante desse mercado está nos tipos de consumidores, tendo em vista que esse mercado é movimentado por dois gêneros de clientes: os tradicionais, aqueles de origem rica, e os emergentes, aqueles que ascenderam socialmente. Esses dois tipos de consumidores, embora pertençam à mesma classe, têm comportamentos distintos. Os tradicionais, geralmente, buscam produtos mais exclusivos e personalizados; os emergentes, por sua vez, consomem os produtos do luxo como forma de ascenderem a essa classe. Em média, a maioria dos clientes do luxo tem uma faixa etária de 26 a 45 anos, sendo do sexo feminino, universitário ou pós-graduado, morador de São Paulo, com uma renda acima de R$ 10 mil e investimentos acima de R$ 100 mil.

Uma questão relevante quanto aos consumidores do luxo é o fato de 40% deles serem homens, e calcula-se que 29% sejam gays, por isso há um mercado específico para eles – onde se sintam acolhidos e bem tratados. Além desse público, que recebe uma atenção especial em razão do seu tamanho e disposição de compra, há várias políticas desse mercado voltadas para avolumar a classe C, que representa mais de 50% da população brasileira. É a partir dessa classe social que as famílias ganham poder de compra, o que leva as empresas a enxergarem oportunidades de lucros através de produtos mais acessíveis a essa classe, e adotando uma política de parcelamento da compra em até 10 vezes.

Já quanto aos produtos desse mercado, eles têm um papel de, por si só, persuadirem, provocarem desejo nos clientes, através da sensação da realização de um sonho, proporcionando bem-estar, ou até suprindo uma carência pessoal ao servirem de recompensa – tanto para si como para presentear aos demais –, na tentativa de amenizarem os dissabores do cotidiano, como a falta de tempo, solidão e até a depressão. A persuasão desses produtos está baseada, principalmente, no *glamour* e tradição de uma marca, bem como na exclusividade de produtos e serviços. É nisso que se baseiam as marcas internacionais mais desejadas: Louis Vuitton e Hermès; e as nacionais: H. Stern e Fasano.

Aliás, as marcas no mercado do luxo têm um papel importantíssimo, justamente por serem o contato da empresa com o consumidor, já que é por elas que o cliente sonha e deseja; por isso, elas agregam valor aos seus produtos, e é através dos valores da empresa, cultura e estilo da grife que os clientes se fidelizam à marca. Então, essas empresas precisam de um bom gerenciamento para garantir o sucesso da companhia, ao manter o seu poder competitivo.

No entanto, para que uma marca obtenha o prestígio para exercer esse papel de desejada, ela deverá criar uma identificação dos consumidores com a grife, montando a sua estratégia ao transmitir os valores da marca através da comunicação com os seus clientes, seja através da publicidade ou da presença em eventos específicos. A comunicação tem um papel muito importante, exatamente por transmitir a imagem da marca, e é por essa importância que a forma de comunicação é definida pela matriz da grife para o uso local. No Brasil, a principal estratégia na comunicação é através dos eventos, que representam 77% das ações das empresas, proporcionando um momento único na relação com os seus consumidores.

Outra questão importante para o mercado do luxo está na distribuição dos seus produtos. Essa distribuição é o que personifica a marca, devendo ser tão criteriosa que, normalmente, segue os padrões internacionais, até mesmo em consonância com o *status* de globalização da marca. No entanto, de acordo com a seletividade da distribuição, que deverá estar relacionada à qualidade do produto, este artigo poderá ser mais ou menos exclusivo, chegando até a se tornar raro.

Falando ainda sobre a distribuição no mercado do luxo, o ponto de venda desses produtos de grife deve ser cuidadosamente escolhido, podendo ser em ruas tradicionais ou *shoppings*, mas sempre em lugares de prestígio e que possuam uma infraestrutura para esse mercado – como em São Paulo, na rua Oscar Freire ou no shopping Cidade Jardim, por exemplo. Atualmente, pensando nessa preocupação com a localização e em criar um mundo mágico para os seus clientes, deixando o consumidor mais perto da marca ao vender experiências únicas e fazendo da loja uma referência legítima da empresa, é que foram criadas as lojas conceito, as *flagship stores* das grifes.

Agora, pensando de forma macro e mais ampla sobre esses locais do luxo, há três cidades onde esse mercado está quase que inteiramente construído: São Paulo, Rio de Janeiro e Brasília. De São Paulo, praticamente saem as decisões financeiras mais importantes para o restante do país; é a cidade mais rica e é onde esse mercado está fortemente concentrado – mesmo assim, a cidade ainda tem potencial tanto para novos produtos de luxo quanto para produtos mais acessíveis. Entretanto, ao compararmos SP com outras cidades globalizadas e ricas dos países desenvolvidos, como Nova York e Londres, logo percebe-se que o mercado do luxo tem uma íntima relação com a história e a cultura de cada cidade, sustentada na infraestrutura desses lugares. Por essa razão, a capital paulista está muito atrasada no que se refere à prestação de serviços e qualificação de profissionais para esse mercado.

No Rio de Janeiro, o luxo era subdesenvolvido até a cidade ser escolhida para sediar a Copa do Mundo e a Olimpíada. Hoje, a cidade vem se adequando, melhorando em muito a sua infraestrutura para suportar esses eventos, e ganhando destaque como cidade referência do turismo internacional. Na verdade, o luxo no Rio de Janeiro deixou de ser apenas um comportamento para se tornar um negócio.

Já Brasília, que dentre as três é a que tem a melhor renda *per capita* e qualidade de vida, está entre as principais cidades do país, e começa a receber investimentos nesse mercado do luxo, tornando-se uma cidade potencial para atender o seu principal público: o funcionalismo público, que movimenta a cidade com os seus altos salários.

No entanto, em qualquer um desses mercados, sejam brasileiros ou estrangeiros, é preciso enfrentar alguns obstáculos inerentes ao segmento do luxo. A democratização dos produtos, ou seja, torná-los mais acessíveis para lucrar com a contemplação da classe C como o seu nicho de clientes é um processo que pode levar à banalização da marca, podendo fazer a grife perder o *status* de prestígio pela falta de sofisticação em seus produtos ou a "aura" de exclusividade. Duas boas estratégias para lucrar sem precisar passar por esse processo de banalização estão na personalização dos seus produtos e no aumento da presença global, buscando novos mercados mundiais ascendentes – o Brasil, por exemplo –, minimizando os prejuízos que as unidades norte-americanas e europeias deram às marcas.

Uma questão de cunho internacional enfrentada pelas marcas de luxo está no combate à falsificação. A pirataria, além de prejuízos diretos, como o financeiro, também traz prejuízos indiretos e incalculáveis para a imagem da marca, como a sua banalização ao ser vendida em um camelô, por exemplo: a "mesma" bolsa de grife pode ser adquirida por 10% de seu preço original. Entretanto, sabe-se que o público cativo desses produtos é, geralmente, oriundo da classe C ou inferior, e de baixa instrução; o que significa que as empresas de luxo não perdem potenciais clientes para a falsificação, já que um consumidor regular do luxo não compra esse tipo de produto. Mesmo assim, as empresas têm investido em práticas que dão mais legitimidade aos seus produtos, o que dificulta a pirataria.

Entretanto, no Brasil, as barreiras estão situadas no campo político, onde há um atraso na vontade de se resolverem questões que impedem o crescimento desse mercado, como no caso da burocracia para o estabelecimento de uma empresa e de sua infraestrutura no país; também há o protecionismo a mercados incipientes, mediante aumentos na alta carga tributária, que gira em torno de 60% – o que faz um produto que deveria ser vendido por R$ 10 mil, custar R$ 16 mil.

O luxo mundial foi remodelado e, por isso, vive um novo conceito: o de reduzir os sinais de ostentação da riqueza. Isso significa não valorizar o luxo externo, mas, sim, dar o devido valor a experiências que proporcionem prazer e bem-estar, centradas, principalmente, nas sensações e, cada vez menos, nas aparências. Esse é o caso, por exemplo, de uma viagem espacial à estratosfera por alguns minutos ou horas, onde se busca a sensação causada pela ausência de gravidade, fazendo dela uma experiência única em emoções.

Essa remodelagem pela qual o luxo passou é fruto da evolução, igual à prática da sustentabilidade que o mercado do luxo mundial tem adotado na confecção dos seus produtos. Se no passado o alto luxo da moda era admirar quem usasse casacos de pele de algum animal, agora há uma visão politicamente incorreta e egoísta sobre esse uso, o que dá força para as práticas ecologicamente corretas como, por exemplo, o uso do couro de tilápia nos produtos da moda.

Aliás, o Brasil é reconhecido mundo afora pelas práticas sustentáveis. O país está com um pé no futuro, se situando à frente de muitos outros. Há algumas décadas se dizia que o Brasil era o país do futuro – e esse futuro já chegou. Um país que tem a seu favor o bônus demográfico, ou seja, mão de obra para movimentar a economia e, com isso, um consequente aumento no consumo; e também um salto econômico através de investimentos em regiões que antes eram virgens e carentes de comércio para movimentar a sua economia. Um exemplo é a região norte do país, que acompanhou o aumento da migração dos seus habitantes, em 20%, para as classes econômicas A, B e C, nos últimos 5 anos da década passada. Esses são reflexos claros da velocidade de crescimento econômico e sustentável, gerando uma força em potencial para o Brasil.

Outro indício do momento promissor que o país vive está no destaque que algumas empresas brasileiras ganharam no cenário mundial. São empresas de um país emergente presentes em um grupo dominado por companhias de países tradicionais, que possuem uma economia desenvolvida. É o caso da Embraer no setor da aviação, do Hotel Fasano na hotelaria, da H. Stern na joalheria, da Schaefer Yachts no náutico, da Daslu na moda e do Hospital Albert Einstein na saúde.

Um fato importante que impulsionará o país nesta década é o efeito dos fenômenos Copa do Mundo em 2014 e Olimpíada em 2016, ambos sediados no Brasil. Esses dois grandes eventos já atraíram investimentos de empresas estrangeiras que, somados aos fortes investimentos do governo, provocarão um rápido avanço em cidades como o Rio de Janeiro, ao melhorarem a sua infraestrutura, e, consequentemente, a qualidade de vida dos seus habitantes. Além disso, esses eventos servirão de propaganda turística ao Brasil, uma vez que, nesses eventos, jornalistas do mundo inteiro estarão no país fazendo diversas reportagens para os seus países de origem.

O mercado brasileiro do luxo está sediado em São Paulo, mas, mesmo em São Paulo, ainda não há muitas empresas. Isso é notado no consumo de produtos onerados pela falta de concorrência, o que mostra haver muitas oportunidades no mercado do luxo, tanto para as marcas internacionais investirem no país como nos segmentos de luxo pessoais (automóveis, aviões, barcos, cosméticos, joias e moda), que são mais voltados para os habitantes da cidade, e no segmento de luxo experienciais (gastronomia, turismo e hotéis), que, além do mercado interno, ainda atende aos turistas estrangeiros por conta dos eventos que ocorrerão no país – e esse deverá ser o segmento com maior crescimento e rentabilidade nesta década.

"O planeta luxo não é mais unitário. Por muito tempo, na escala da história, o luxo foi relativamente homogêneo, exceto se fizermos a distinção entre o luxo profano e o religioso, o luxo das igrejas e dos nobres, das cortes, dos castelos. Era o luxo dos materiais, do ouro, de obras de arte, de pedras preciosas, da seda. Hoje, o luxo se tornou acessível a uma parte importante da população, porque representa produtos fabricados de forma industrial, em grande quantidade, e de preço acessível, como cosméticos e perfumes. Mesmo no *new luxury*, como dizem os americanos, você tem os produtos de grife, de *mass prestige*: H&M com Karl Lagerfeld ou Viktor & Rolf. Nesse luxo que se tornou plural encontramos essa dicotomia. O luxo ostentatório não morre. Há numerosos 'novos-ricos', no Brasil, na Rússia e na China, que desejam exibir, mostrar. Mas há também um outro tipo de população que se distanciou disso. Sua riqueza é tanta que ela procura, na busca pelo produto, uma experiência, algo de excepcional, que a faça vibrar, não necessariamente para se exibir. Eles vivem em pequenos grupos, em círculos fechados, e a única coisa que lhes interessa no consumo é viver algo um pouco maluco. É o que chamo de 'luxo emocional'. Todo o luxo não vai se tornar emocional, mas acho que vai haver uma tensão."

Gilles Lipovetsky

LEITURA RECOMENDADA

Luxury Retail Management – Michel Chevalier e Michel Gutsatz – editora Wiley

Luxury Strategy in Action – Jonas Hoffmann e Ivan Coste-Maniere – editora Palgrave Macmillan

A Sociedade da Decepção – Gilles Lipovetsky – editora Manole

O Luxo Eterno – Gilles Lipovetsky e Elyette Roux – editora Companhia das Letras

Precisar, Não Precisa: um olhar sobre o consumo de luxo no Brasil – André Cauduro D'Angelo – Companhia Editora Nacional

A Sociedade Pós-Moralista – Gilles Lipovetsky – editora Manole

A Globalização Ocidental – Hervé Juvin e Gilles Lipovetsky – editora Manole

Vita Prada – Gian Luigi Paracchini – editora Seoman

Como Entrei na Lista Negra da Hermès – Michael Tonello – editora Seoman

O Novo Luxo – Kathia Castilho e Nizia Villaça – editora Anhembi Morumbi

O Universo do Luxo – Silvio Passarelli – editora Manole

Selling Luxury – Robin Lent e Genevieve Tour – editora Wiley

Luxo... Estratégias Marketing – Danielle Allérès – editora FGV

Luxury Fashion Branding – Uche Okonkwo – editora Palgrave Macmillan

Luxury World: The past, present and future of luxury brands – Mark Tungate – editora Kogan Page

Luxury Brand Management: a World of Privilege – Michel Chevalier e Gerald Mazzalovo – editora Wiley

Marketing do Luxo – Suzane Strehlau – editora Cengage Learning

O Império do Efêmero – Gilles Lipovetsky – editora Companhia das Letras

I am With the Brand – Rob Walker – editora Constable

A Nova Cultura do Desejo – Melinda Davis – editora Record

O Luxo: os segredos dos produtos mais desejados do mundo – Jean Castarède – editora Barcarolla

Luxury Fever – Robert H. Frank – editora Princeton University Press

Luxury China : Market Opportunities and Potential – Michel Chevalier e Pierre Lu – editora Wiley

Richistan: A Journey Through the American Wealth Boom and the Lives of the New Rich – Robert Frank – editora Crown

Front Row Anna Wintour – Jerry Oppenheimer – editora St. Martin's Griffin

O Segredo do Chanel Nº5 – Tilar J. Mazzeo – editora Rocco

Why People Buy Things They Don't Need – Pamela N. Danziger – editora Dearborn

The Idea of Luxury – Christopher J. Berry – editora Cambridge

Fashion Buying & Merchandising Management – Tim Jackson e David Shaw – editora Palgrave Macmillan

Shopping, Seduction & Mr. Selfridge – Lindy Woodhead – editora Profile Books

A Brief History of Tea: The Extraordinary Story of the World's Favorite Drink – editora Robinson

Dior by Dior – Christian Dior – editora V&A Publications

Faberge's Eggs – Toby Faber – editora Random House

Brand Failures: The truth about the 100 biggest branding mistakes of all time – Matt Haig – editora Kogan Page

The Fake Factor: Why we love brands but buy fakes – Sarah McCartney – editora Marshall Cavendish Business

The Winner Take All Society – Robert H. Frank e Philip J. Cook – editora Penguin Books

Why We Buy: The Science of Shopping – Paco Underhill – editora Simon & Schuster

The Rules of Wealth – Richard Templar – editora Pearson

Deluxe: como o luxo perdeu o brilho – Dana Thomas – editora Campus

Fashion Brands: Branding Style from Armani to Zara – Mark Tungate – editora Kogan Page

Casa Gucci – Uma história de glamour, cobiça, loucura e morte – Sara Gay Forden – editora Seoman

The Cult of the Luxury Brand – Radha Chadha e Paul Husband – editora NB Nicholas Brealey

A Viúva Clicquot – Tilar J. Mazzeo – editora Rocco

Who's Who in Fashion – Anne Stegemeyer – editora Fairchild

As Marcas – Jean Noel Kapferer – editora Bookman

O Segredo das Marcas Desejadas – Patrick Hanlon – editora Gente

Christian Dior – Marie-France Pochna – editora Overlook Duckworth

Strategic Brand Management – Richard Elliot – editora Oxford

The Luxury Strategy – J.N.Kapferer e V. Bastien – editora Kogan Page

Meta-Luxury Brands and the Culture of Excellence – Manfredi Ricca e Rebecca Robins – editora Palgrave Macmillan

BIBLIOGRAFIA

ALLÈRÉS, Danielle. *Luxo: estratégias de marketing.* 2ª ed. Rio de Janeiro: FGV, 2006.

ANSARAH, Ana Beatriz. The elite consumers: Estudo do IBOPE Media revela hábitos e comportamentos de consumo da elite latino-americana. Disponível em: http://www.ibope.com.br/giroibope/15edicao/capa.html. Acesso em 26 de junho de 2010.

BAIN & COMPANY. Luxury Market update 2012 outlook. 10 junho de 2009.

BASTIEN, Vincent; KAPFERER, Jean-Nöel. *The Luxury Strategy: break the rules of marketing to build luxury brands.*1ª ed. London: Kogan Page Ltd., 2009.

BATISTA, Henrique Gomes. BNDES estima R$ 1,3 tri de investimentos até 2013. *O Globo*, Rio de Janeiro, 24 maio de 2010. Economia.

BETTI, Renata; TSUBOI, Larissa. A receita dos milionários. *Veja*, São Paulo, ano 43, nº 20, ed. 2165, 19 de maio de 2010.

BONDE. Ultra ricos: mercado de luxo cresce no Brasil. Disponível em: http://www.bonde.com.br. Acesso em 29 de junho de 2010.

BRASIL. Ministério da Justiça. Apreensões de produtos piratas bate recorde em 2006. Brasília, DF, 2006. Disponível em: http://bvc.cgu.gov.br. Acesso em 07 de novembro de 2010.

CAMPOS, André; vários autores. *Atlas da exclusão social volume 3: os ricos no Brasil.* 2ª ed. São Paulo: Cortez, 2005.

CAPGEMINI CONSULTING E MERRILL LYNCH WEALTH MANAGEMENT. World Wealth Report 2011.

CASTARÈDE, Jean. *O Luxo: os segredos dos produtos mais desejados do mundo.*1ª ed. São Paulo: Barcarolla, 2005.

CASTILHO, Kathia; VILLAÇA, Nizia. *O novo luxo.*1ª ed. São Paulo: Anhembi Morumbi, 2006.

CHADHA, Radha; HUSBAND, Paul. *The Cult of the Luxury Brand: Inside-Asia's Love Affair With Luxury.*1ª ed. Boston (USA): Nicholas Brealey, 2007.

CHEVALIER, Michel; Lu, Pierre. *Luxury China: Market opportunities and potential.* 1ª ed. Singapore: John Wiley & Sons, 2009.

CHEVALIER, Michel; MAZZALOVO, Gerald. *Luxury Brand Management: A World of Privilege.* 1ª ed. New Jersey (USA): John Wiley, 2008.

D'ANGELO, André Cauduro. *Precisar, não precisa: um olhar sobre o consumo de luxo no Brasil*. 1ª ed. São Paulo: Nacional, 2006.

DE MASI, Domenico. Ócio e Luxo. *Wish Report*, (S.l.), ano 1, nº 5, p. 16-17, 2005.

FERNANDES, Daniela. Chanel reforça operação no Brasil. *Valor Econômico*, São Paulo, 27 maio de 2010. Tendências & Consumo.

FONDAZIONE ALTAGAMMA AND BAIN & COMPANY. Worldwide markets monitor 2011.

GALBETTI, Silvana Munhoz. A luta contra a indústria da falsificação (7/12/2007). Disponível em: http://www.gestaodoluxo.com.br. Acesso em 17 de janeiro de 2010.

GALLONI, Alessandra. Globalização faz crescer indústria da falsificação de artigos de luxo (01/02/2006). Disponível em: http://www.adnews.com.br. Acesso em 21 de maio de 2010.

GASPAR, Patrícia. Comportamento: Falsificação. (07/12/2007). Disponível em: http://www.gestaodoluxo.com.br. Acesso em 7 de abril de 2010.

JÚNIOR PRADO, Caio. *História econômica do Brasil*. 1ª ed. (S.l.): Brasiliense, 1945.

KAPFERER, Jean-Noël. *The New Strategic Brand Management*. 3ª ed. London (UK): Kogan Page, 2008.

KLINKE, Angela. *Valor Econômico*, São Paulo, 08 de julho de 2010. Caderno Especial, A14.

KNIGHT FRANK E CITI PRIVATE BANK. The Welth Report 2011.

LIPOVETSKY, Gilles; ROUX, Elyette. *O Luxo Eterno: da idade do sagrado ao tempo das marcas*. 2ª ed. São Paulo: Companhia das Letras, 2005.

LORENZO, Francine; VERDE, João Villa. Copa de 2014 deve injetar US$ 142 bilhões. *Valor Econômico*, São Paulo, 24 de junho de 2010. Brasil, A2.

MARINS, Ricardo O. Mercado de luxo brasileiro na mira de marcas prestigiosas internacionais (27/05/2010). Disponível em: http://infiniteluxury. com.br. Acesso em 20 de agosto de 2010.

MAZZE, Edward M. MICHMAN, Ronald D. *The Affluent Consumer: Marketing and Selling the Luxury Lifesttyle*. 1ª ed. Westport (USA): Greenwood, 2006.

MCCARTNEY, Sarah. *The fake factor: Why we love brands but buy fakes*. 1ª ed. London (UK): Marshall Cavendish Business, 2005.

MCF CONSULTORIA E GFK INDICADOR. O mercado do luxo no Brasil, 2010.

MICHAELIS. *Michaelis dicionário prático*. 1ª ed. (S.l.): Melhoramentos, 2001.

MOURA, Paola. *Valor Econômico*, São Paulo, 03 de agosto de 2010. Empresas/ Serviços, B4.

NAPOLITANO, Giuliana. O Brasil na elite mundial. *Exame*, São Paulo, ano 44, ed. 971, 30 de junho de 2010.

NÉRI, Marcelo. Brasil: Boom, BRICs e Bigs. *Valor Econômico*, São Paulo, 27 de julho de 2010. Opinião, A11.

NOVO, Aguinaldo. Tiffany agora mira consumidor de classe média. *O Globo*, Rio de Janeiro, 04 de julho de 2010. Economia, p.39.

_____. Bem longe da classe C. *O Globo*, Rio de Janeiro, 17 de julho de 2010. Economia, p.23.

OECHSLI, Matt. *The art of to the affluent.* 1ª ed. New Jersey (USA): John Wiley & Sons, 2005.

OKONKWO, Uché. *Luxury Fashion Branding: trends, tactics, techniques.* 1ª ed. New York (USA): Palgrave Macmillan, 2007.

OLIVEIRA, Flávia. *O Globo*, Rio de Janeiro, 27 de agosto de 2010. Economia, p.38.

PAIXÃO, Laura. Luxo, o supérfluo indispensável. *Revista View*, São Paulo, n. 77, janeiro de 2007. Disponível em: http://www.revistaview.com.br. Acesso em 17 de julho de 2008.

PASSARELLI, Silvio. *O universo do luxo: marketing e estratégia para o mercado de bens e serviços de luxo.* 1ª ed. São Paulo: Manole, 2010.

PITTHAN, Júlia. Capital estrangeiro investe em iates no Brasil. *Valor Econômico*, São Paulo, 01 de julho de 2010. Tendências & Consumo, B4.

SILVERSTEIN, Michael. A nova geração do luxo. *HSM Management*, n. 56, maio de 2006. Disponível em http://www.hsm.com.br. Acesso em 14 de agosto de 2010.

STEFANO, Fabiane. Consumo: A força que move a economia. *Exame*, São Paulo, ano 44, n.13, ed. 972, 28 de julho de 2010.

STREHLAU, Suzane. *Marketing do luxo.* 1ª ed. São Paulo: Cenage Learning, 2008.

THE BOSTON CONSULTING GROUP. Regaining lost ground: resurgent markets and new opportunities. Junho de 2010.

_____.Trading Up/Down and crisis impact in Brazil. Maio de 2009.

VITAL, Nicholas. *Exame*, São Paulo, ano 44, nº 21, ed. 980, 17 de novembro de 2010.

AGRADECIMENTOS

Aos meus ídolos Gilles Lipovetsky e Pascal Portanier, que em nossas conversas me fizeram crescer como profissional e, acima de tudo, como ser humano. A Silvio Passarelli, Carlos Ferreirinha e Sonia Helena Santos, por serem uma referência no mercado do luxo no Brasil. A Hildegard Angel, Ana Teresa Sampaio, Rafael Castello (Hugo Boss), Patricia Isabel Lira e Thiago Costa Rego (NK Store) e Rodrigo Stefani Correa por terem contribuído com este livro. A Luciano Oliveira por ser um grande incentivador do meu trabalho e por ser um amigo fiel. Marie Davids, Luciano Tosta, Andre Kiyomori, Renato Cardilho, Jo Dvoranovski, Tina Turkie, Cassia dos Anjos, Murilo Fonseca, Rita de Cassia Machado e Mauricio Cruz, pelo carinho e a amizade de vocês. A Deise Bonome, minha companheira no MBA em São Paulo e em Paris (em um táxi, junto com ela, em NY, nasceu a ideia de fazermos juntos a monografia; e foi nesse mesmo táxi que eu decidi escrever um livro). A Manoel Lauand e ao Grupo Pensamento por terem acreditado no projeto deste livro. A todos que compraram e leram a primeira edição deste livro.

Por último, não poderia deixar de agradecer a Deus, por estar sempre presente em minha vida.

Conheça outros títulos da editora em:
www.editoraseoman.com.br